PIERRE BIÉTRY

Député

LA SÉPARATION DES ÉCOLES ET DE L'ÉTAT

JOUVE & Cⁱᵉ, ÉDITEURS
15, Rue Racine
PARIS

La Séparation

des Écoles et de l'État

PIERRE BIÉTRY

Député

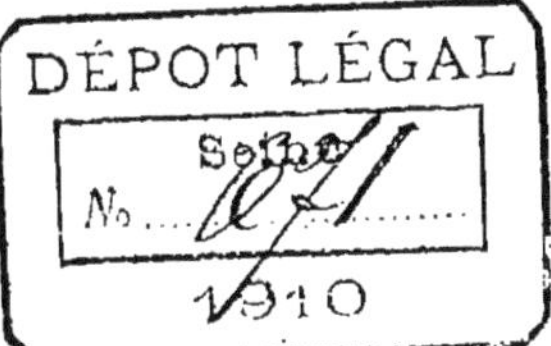

LA SÉPARATION

DES ÉCOLES

ET DE L'ÉTAT

JOUVE & Cⁱᵉ, ÉDITEURS

15, Rue Racine, 15

PARIS

A Monsieur le Comte Albert de Guigné

Bien cher ami,

C'est à vous que je fais hommage de ce travail qui sera utile, j'en ai la ferme espérance, à la Religion et à la Patrie.

Vous n'avez pas été seulement l'ami paternel et bon sur lequel je me suis le plus sûrement appuyé.

Je commettrais un acte de noire ingratitude en oubliant de proclamer que ce que j'ai fait de mieux dans ma carrière tourmentée, c'est à vos judicieux conseils, à votre fidèle collaboration que je le dois.

Mon plus cher désir, en vous dédiant respectueusement cet ouvrage, c'est de le voir porter des fruits bienfaisants, et prochainement, sachant, par là, être plus agréable à votre grand cœur que par un compliment.

Et veuillez me croire toujours votre reconnaissant et dévoué,

Pierre BIÉTRY

AVANT-PROPOS

Le jour où j'ai entrepris de travailler à la rédaction d'un projet de *Séparation des Ecoles et de l'Etat*, j'ai écarté de ma pensée les arguments tirés du parti-pris.

Ce n'est pas au profit d'une coterie, ni par tactique politique, et moins encore pour créer un dérivatif aux préoccupations morales et scolaires du moment que nous soulevons cette grosse question, mais avec l'unique souci d'apporter une solution.

Nous avons l'audace, simplement, de croire à l'efficacité des propositions et des travaux inspirés par le bon sens, l'histoire, les recherches désintéressées et les leçons du passé. Nous en appelons aux expériences faites et à la bonne foi de tous.

Or, il est une chose certaine ; de toutes les lois qui régirent l'enseignement en France depuis la Révolution, seules celles qui reposaient sur la liberté donnèrent la paix au pays et aux consciences.

Que sont, en somme, les petits problèmes et les petites questions soulevées par les débats sur l'enseignement obligatoire en 1882, en regard des luttes que soutinrent pour la liberté d'enseignement pendant un demi-siècle, les penseurs les plus nobles, les libéraux les plus sincères, les hommes d'Etat les plus avertis.

On peut dire qu'après avoir exigé cinquante années de combat pour son avènement, la liberté d'enseignement aura donné cinquante années de paix morale et religieuse aux pères de familles de France, et ce ne sont pas ces derniers qui ont rompu la trêve, ils en sont les victimes.

De quel droit les porteurs de torches des loges maçonniques, que sont les politiciens de la majorité politique, mettraient-ils notre pays sans dessus dessous pour substituer leurs négations à nos croyances ?

La liberté d'enseignement est, en effet, une merveilleuse digue contre les atteintes de la pédagogie subalterne et médiocre du pouvoir et des partis, contre le despotisme de la fausse science et des sectaires, contre le despotisme et le mensonge d'où qu'ils viennent.

C'est donc pour la liberté que nous combattons et exclusivement pour elle, sachant qu'elle nous dispensera par la suite tous les bienfaits qui en découlent naturellement.

Mon travail, par sa teneur même, a un aspect revêche augmenté par le souci d'impartialité qui préside à sa documentation. Je demande donc au lecteur de me faire grâce de la sécheresse du style, qui cache un enthousiasme profond.

Je le dépose ici en hommage à la cause de la liberté et de la rénovation française.

Pierre BIÉTRY

La Séparation des Ecoles et de l'Etat

EXPOSÉ DES MOTIFS

Messieurs,

La loi du 9 décembre 1905, relative à la séparation des Églises et de l'Etat, devant avoir pour conséquence de donner la plus entière liberté à l'essor spirituel et intellectuel, cette transformation doit entraîner inéluctablement la *séparation des Ecoles et de l'Etat;* les écoles et l'enseignement doivent recevoir à leur tour la liberté.

Nous n'allons pas aussi loin dans nos conclusions que *Littré*, écrivant dans la préface de son livre : Conservation, révolution et positivisme que :

« Supprimer le *budget* ecclésiastique, sans supprimer le *budget* universitaire, ce serait manquer le but et faire d'un acte de saine politique et de haute moralité, un acte de réaction révolutionnaire et d'oppression arbitraire. »

Biétry   I

Nous pensons, au contraire, qu'il serait dangereux, pour l'enfance en particulier, et pour le relèvement nécessaire du niveau intellectuel de la masse des citoyens en général, de supprimer le budget de l'instruction publique.

Croyant fermement aux bienfaits qui découlent de la liberté, nous sommes de même convaincus de la nécessité d'un effort social tutélaire, en faveur des enfants et, pour propager l'enseignement, nous pourrions dès maintenant définir notre projet par ces mots :

Liberté d'enseignement ;

Obligation de l'instruction primaire ;

Répartition à toutes les écoles, au prorata du nombre des élèves qu'elles instruisent gratuitement, du budget de l'instruction publique.

En dehors des arguments philosophiques sociaux, moraux et financiers que nous avons l'honneur de vous soumettre, nous croyons bon d'observer que la tâche de l'État est déjà assez lourde, par les soins incessants qu'il doit à la police intérieure du pays et à la politique extérieure, et qu'il serait urgent de le débarrasser du règlement des conflits de tous ordres, où il ne peut qu'ébranler son autorité et affaiblir son crédit.

De même que certains indices alarmants nous montrent que la monopolisation par l'État de certaines industries et administrations, autrefois librement exploitées par l'initiative privée, est une cause de troubles économiques sociaux et financiers qui entraîneront, fatalement, ou de nouveaux monopoles, ou le retour à la liberté, la mainmise actuelle de l'Etat sur l'instruction primaire ne peut s'éterniser dans le *statu quo*. Forcément, un jour prochain, le Parlement sera appelé à réaliser le monopole absolu des écoles ou à donner la liberté complète de l'enseignement.

C'est à cette formule de liberté par la séparation des Ecoles et de l'Etat que nous voudrions vous amener, en vous démontrant qu'après la séparation des Eglises et de l'Etat, vous ne pouvez, au nom de l'Etat, prétendre à la direction spirituelle infaillible dans le domaine de l'instruction et de l'éducation.

L'hypothèse que nous envisageons du monopole de l'enseignement réalisé par une loi ne relève pas seulement de nos inquiétudes personnelles et légitimes — faibles échos des angoisses ressenties par des milliers de pères de famille — nous entendons chaque jour dans le bruit des partis politiques, dans les discours des hommes les plus éminents de la République s'agiter cette menace.

Cependant, Messieurs, nous n'aurions pas cru devoir intervenir encore, si d'ores et déjà les mesures prises par les instituteurs, sous la direction de leurs chefs hiérarchiques, et les déclarations du gouvernement lui-même, ne nous confirmaient dans ce fait que déjà, depuis des années, on ne donne plus à nos enfants qu'un enseignement expurgé de tout ce qui n'est pas la doctrine de la majorité politique.

Par ce procédé qui consiste à supprimer dans les manuels, les livres d'histoire et même les ouvrages littéraires, tout ce qui n'est pas la doctrine de l'Etat, on attente gravement à l'intelligence des enfants, on ferme leurs cerveaux et leurs cœurs à des doctrines morales et religieuses qu'ils voient d'autre part professées par leurs parents, d'où une source de conflits d'abord dans l'âme et la raison de l'enfant, ensuite entre l'enfant et les parents.

Physiologiquement, historiquement, l'enseignement d'Etat fausse donc, dès l'âge le plus tendre, et le cœur des élèves de l'école primaire et leur sens critique, en les livrant aux seules suggestions de maîtres dressés pour le parti pris.

C'est, dans l'ordre temporel, une véritable infaillibilité spirituelle que l'Etat s'arroge et qu'il dispense ensuite à tous ses instituteurs, revêtus par délégation gouvernementale de la même infaillibilité doctrinale, historique, morale, scientifique et philosophique.

Ces considérations d'ordre général pourraient vous paraître trop exclusivement spéculatives, et peut-être avez-vous à nous opposer des arguments tirés du droit, sans épithètes, ou des principes politiques qui vous animent, ou de l'idéal philosophique dont vous avez fait la règle de votre vie en même temps que le statut d'une société idéalement construite d'après vos conceptions de la liberté, du droit de l'enfant, du droit des parents et du droit de la société sur les parents et sur les enfants ?

Animé par le vif désir de me renseigner et de m'instruire davantage avant d'entreprendre la tâche de vous convaincre, je me suis donc retourné vers les sources et j'ai recherché, dans le passé, les relations de l'Etat avec l'enseignement. L'Histoire de France et particulièrement l'Histoire de la Révolution jusqu'à nos jours sont appelées en témoignage à la barre de ce procès, où la liberté comparaît et que nous vous demandons d'instruire avec nous.

Je citerai aussi, comme témoins d'un second degré, les exemples pris dans des nations étrangères, sur les régimes (en vigueur dans ces Etats) relatifs à leurs rapports avec l'enseignement donné à leurs sujets, mais je voudrais surtout en appeler à ceux des ancêtres et des précurseurs de la République pour lesquels vous affichez le plus d'enthousiasme et de respect.

L'exposé des motifs d'un projet de loi comportant enfin la contradiction et les développements que le choc des opinions exige et pour lesquels la tribune d'une assemblée délibérante est le lieu le mieux choisi, je bornerai mes citations aux opinions essentielles.

LA LÉGISLATION DE L'ENSEIGNEMENT SOUS LA PREMIÈRE RÉPUBLIQUE

Après les lois funestes de 1790, lesquelles, dirent plus tard les ministres Dausson, Chaptal et Portalis dans leur rapport, « avaient provoqué en France l'ignorance et la barbarie », la Convention, en 1793, fut saisie de nombreuses pétitions, sollicitant des représentants du peuple l'organisation de l'enseignement. Parmi les divers projets soumis aux délibérations de l'assemblée, celui de Michel Lepeletier donna lieu particulièrement à un long et consciencieux débat qui dura près d'une année.

Michel Lepeletier proposait en substance de réunir tous les enfants de la République, à demeure, dans des écoles dites d'égalité, de les y instruire, de les élever, les habiller, les nourrir aux frais de l'Etat et jusqu'à l'âge de douze ans.

Le 29 juillet la discussion commença. Robespierre (1) reprit à son compte les textes de Lepeletier (défunt) après les avoir légèrement modifiés.

En voici les articles essentiels :

ARTICLE PREMIER. — Tous les enfants seront élevés aux dépens de la République depuis l'âge de cinq ans jusqu'à douze pour les garçons, jusqu'à onze pour les filles.

1. *Archives Parlementaires*, t. LXXIII

Art. 2. — L'éducation nationale sera égale pour tous ; tous recevront même nourriture, mêmes vêtements, même instruction, mêmes soins.

Art. 3. — L'éducation nationale étant la dette de la République envers tous, tous les enfants ont droit de la recevoir, *et les parents ne pourront se soustraire à l'obligation de les faire jouir de ses avantages.*

Art. 4. — L'objet de l'éducation nationale sera de fortifier le corps des enfants, de les développer par des exercices de gymnastique, de les accoutumer au travail des mains, de les endurcir à toute espèce de fatigue, de former leur cœur et leur esprit par des instructions utiles, et de leur donner les connaissances qui sont nécessaires à tout citoyen, quelle que soit sa profession.

Art. 5. — Lorsque les enfants seront parvenus au terme de l'éducation nationale, ils seront remis entre les mains de leurs parents ou tuteurs et rendus aux diverses professions utiles de la société, aux travaux des divers métiers et de l'agriculture ; sauf les exceptions qui seront spécifiées ci-après, à l'égard de ceux destinés à parcourir les cours d'étude dont il sera parlé ci-après.

Art. 6. — Le dépôt des connaissances humaines et de tous les beaux-arts sera conservé et enrichi par les soins de la République, leur étude sera enseignée publiquement et gratuitement par des maîtres salariés par la nation.

Leurs cours seront partagés en deux degrés d'instruction : les instituts, les lycées.

Art. 7. — Les enfants ne seront admis à ces cours qu'après avoir parcouru celui de l'éducation nationale.

Art. 8. — *Pour l'étude des belles-lettres, des sciences et des beaux-arts, il en sera choisi un sur cinquante.* Les enfants qui auront été choisis seront entretenus aux frais de la République auprès des instituts.

Art. 9. — Parmi ceux-ci, *après qu'ils auront achevé ce premier cours, il en sera choisi la moitié* qui sera entretenue aux dépens de la République, auprès des lycées pendant les cinq années du second cours d'étude.

Art. 10 — Le nombre et l'emplacement des écoles

publiques, des instituts et des lycées, le nombre des maîtres et le mode de l'instruction seront déterminés ci-après.

Parmi les articles suivants, nous croyons devoir souligner les plus caractéristiques :

Ainsi l'article 11 du chapitre relatif à *l'Education nationale* dit :

Les garçons apprendront à lire, écrire, compter et il leur sera donné les premières notions du mesurage et de l'arpentage.

Leur mémoire sera cultivée et développée : on leur fera apprendre par cœur quelques chants civiques, et le récit des traits les plus frappants de l'histoire des peuples libres et de celle de la Révolution française.

Ils recevront aussi des notions de la constitution de leur pays, de la morale universelle, et de l'économie domestique et rurale.

Art. 12. — Les filles apprendront à lire, à écrire, à compter.

Leur mémoire sera cultivée par l'étude des chants civiques, et de quelques traits de l'histoire, propres à développer les vertus de leur sexe.

Elles recevront aussi des notions de morale et d'économie domestique et rurale.

Aux articles 16 et 17 Robespierre indique les moyens de coercition et trace le règlement intérieur des maisons d'égalité.

Art. 16. — Tout enfant de l'un et l'autre sexe *âgé de plus de huit ans*, qui, dans la journée précédente, si c'est un jour de travail, *n'aura pas rempli une tâche équivalent à sa nourriture*, ne prendra son repas qu'après que les autres enfants auront achevé le leur et il aura la honte de manger seul : ou bien il sera puni par une humiliation publique qui sera indiquée par le règlement.

Art. 17. — *Aucuns domestiques ne seront employés dans les maisons d'éducation nationale. Les enfants les plus âgés, chacun à leur tour, et sous les ordres et l'inspection des instituteurs et institutrices, rempliront les diverses fonctions du service journalier de la maison, ainsi qu'il sera expliqué par le règlement.*

L'article 20 est plus curieux encore, il dit :

Dans l'intérieur ou à portée des maisons d'éducation nationale seront placés, autant qu'il sera possible, les vieillards ou infirmes hors d'état de gagner leur vie et qui seront à la charge de la commune.

Les enfants seront employés chacun leur tour suivant leur force et leur âge, à leur service et assistance.

Les six membres de la commission d'instruction publique chargés d'examiner le projet de Lepeletier amendé et développé par Robespierre étaient Bühl, Lakanal, Grégoire, Coupé (de l'Oise) et Léonard Bourdon, ces deux derniers remplaçant Jean Bon Saint-André et Saint-Just, entrés au nouveau comité de salut public le 10 juillet.

Fait digne de retenir l'attention, tous les membres de la commission sauf Léonard Bourdon, sont contre le projet tel que nous venons de l'analyser. Le conventionnel Grégoire dans la séance du 30 juillet en disait :

« Quelqu'un a dit que ces maisons communes

qu'on nous propose seraient des hôpitaux de l'esprit humain. »

« Craignez, législateurs, une tentative qui, si elle n'était pas couronnée par le succès, perdrait la République. »

Ce qui caractérise encore plus particulièrement ce débat au point de vue qui nous préoccupe, ce qui le rend instructif au plus haut degré, ce n'est pas seulement la lutte de la presque unanimité de la Convention contre le projet de rendre *obligatoire l'éducation en commun* de tous les enfants. *C'est surtout le souci de laisser l'enseignement libre* — de ne rien enlever de l'autorité des parents ni de leur indépendance en ce qui concerne l'instruction à donner aux enfants. Sauf Lequinio et Fourcroy, partisans du *plan Lepeletier*, selon leur propre expression, les plus farouches comme Léonard Bourdon, qui avait été nommé rapporteur, finirent par réserver aux chefs de famille leur entière liberté. On verra d'ailleurs que le grand débat sur l'instruction publique se terminera en décembre par la liberté d'enseignement sans réserve.

A la même séance du 29 juillet 1793 au cours de laquelle Maximilien Robespierre avait donné lecture du travail de Michel Lepeletier amendé par lui, un contre-projet sur *l'éducation commune* fut déposé, par M. Ch. Delacroix, député de la Marne ; il diffère assez sensiblement de celui de Lepeletier-Robespierre, dans les détails d'organisation, pour que nous croyions utile de le mettre en comparaison, seul moyen d'ailleurs d'avoir un aperçu véritable des différentes phases par lesquelles passèrent les lois sur l'enseignement sous la première République.

PROJET DE M. CH. DELACROIX
SUR L'INSTRUCTION PUBLIQUE (1)

TITRE PREMIER
Des maisons d'éducation première

SECTION PREMIÈRE

Etablissement des maisons d'éducation

ARTICLE PREMIER. — Il sera établi, dans l'arrondissement de chaque assemblée primaire, une maison d'éducation première servant à l'instruction publique. Elle sera placée, autant qu'il sera possible, au centre de chaque canton ou section de canton.

ART. 2. — Les châteaux des émigrés ou autres bâtiments nationaux seront employés à cet usage, autant que leurs situation et distribution le permettront.

ART. 3. — Il sera construit dans chacune des dites maisons un amphithéâtre pour l'instruction publique des citoyens et de leurs enfants.

ART. 4. — A chaque établissement d'instruction publique sera attaché un instituteur national et un ou deux sous-instituteurs, selon que les localités l'exigeront.

1. Archives parlementaires, t. LXX.

Art. 5. — L'officier de santé, chargé de secourir les malades indigents, surveillera la santé des élèves. Il sera statué sur l'indemnité qu'il conviendra lui accorder pour cet objet en augmentation de celle qui lui est accordée par l'article 18 du paragraphe 2 du titre III de la loi du 28 juin, sur les secours publics.

Art. 6. — Il sera accordé des primes d'encouragement pour attirer auprès de chaque maison d'éducation des citoyens vertueux professant les arts et métiers qui servent le plus immédiatement à la nourriture, au vêtement et au logement de l'homme.

Art. 7. — Il sera établi dans chacune des dites maisons un ou deux anciens et vertueux soldats chargés d'instruire les enfants dans les exercices et évolutions militaires. Ils jouiront d'une haute paye égale au quart de leur pension de retraite.

Art. 8. — *Il sera attaché à l'établissement le nombre de femmes d'un âge mûr, nécessaire pour la préparation de la nourriture des enfants et autres soins qu'ils exigent. Elles seront choisies de préférence parmi celles auxquelles la République doit et accorde des secours.*

Art. 9. — Dans chaque maison d'éducation il sera formé une arène suffisante pour les exercices, les courses, les danses, les fêtes publiques du canton.

Art. 10. — Autour de l'arène seront construits, hors le cas porté en l'article 2, des logements simples pour le coucher des enfants, de l'instituteur et de sa famille, des sous-instituteurs et autres personnes attachées à l'établissement.

Art. 11. — L'amphithéâtre, l'arène et les logements seront ceints, autant qu'il sera possible, d'un rempart et d'un fossé.

Art. 12.— L'éducation des enfants, l'instruction et les fêtes publiques seront surveillées par un conseil de dix pères de famille les plus vertueux et les plus éclairés âgés de quarante ans au moins:

Art. 13.— Ils pourront s'adjoindre, pour les détails économiques de l'établissement, un ou plusieurs pères de famille vertueux, mais moins âgés.

Art. 14.— Ils seront également chargés de surveiller

l'éducation des jeunes filles ; ils s'adjoindront, à cet effet, des mères de famille recommandables par leurs vertus et leur instruction.

. Art. 15.— Les dix pères de famille inspecteurs seront choisis chaque année dans la première fête nationale qui suivra l'équinoxe du printemps.

Art. 16.— Ces fonctions honorables seront gratuites, ainsi que celles des adjoints et adjointes.

Art. 17.— Pour assurer l'économie dans les constructions nécessaires, elles seront exécutées moitié aux frais du Trésor public, moitié aux frais du canton.

Art. 18.— Les bois et autres matériaux provenant des forêts de la République ou de la démolition des édifices nationaux qui seront jugés inutiles, seront imputés sur la portion des frais de construction à la charge du Trésor public. Les bois provenant des communaux, les autres matériaux, les charrois, main-d'œuvre, fournis ou payés par le canton seront imputés sur la moitié à sa charge.

Art. 19. — Dans les cantons où la maison d'éducation sera placée dans un château d'émigré ou autre édifice national, lesdits bâtiments seront estimés, et le canton tiendra compte au Trésor national de la moitié de leur valeur.

Art. 20. — Les sommes nécessaires pour opérer lesdits remboursements ou pour payer la moitié des frais de construction à la charge du canton, seront imposées en six années au marc la livre des contributions foncières et mobilières. L'imposition ne portera que sur les portions de revenus qui excèdent le strict nécessaire.

Art. 21. — Il sera attaché autant qu'il sera possible, à chaque maison d'éducation : 1° une portion de terrain suffisante pour la culture des légumes nécessaires ; 2° une portion de prairie naturelle ou de terrain propre à établir une prairie artificielle suffisante pour nourrir une vache pour vingt enfants résidant habituellement dans ladite maison.

Art. 22. — Le Corps législatif et les autres autorités constituées prendront, au surplus, tous les moyens possibles pour venir au secours des cantons, relativement tant aux frais d'établissement qu'aux dépenses annuelles nécessaires pour améliorer le régime antérieur desdites maisons d'éducation.

Art. 23. — Pour assurer la prompte construction des maisons d'éducation, il sera mis, pendant trois mois, à la disposition des membres du Pouvoir exécutif ordonnateur en cette partie, une somme de 20 millions, laquelle sera employée aux paiements et avances nécessaires.

Art. 24. — Dans les villes et bourgs, qui seuls forment une ou plusieurs assemblées primaires, les bâtiments pourront être réduits à l'amphithéâtre nécessaire pour l'instruction publique, et à l'arène pour les exercices.

Section II

Du régime économique des maisons d'éducation première

Article premier. — *Tous les enfants de la patrie seront placés dans les maisons d'éducation première, situées à la campagne et de préférence dans les cantons où les vivres sont à meilleur compte; ils y seront nourris et entretenus aux frais de la République.*

Section V

Pour les jeunes filles

Article premier. — *La femme ayant été destinée par la nature aux soins et travaux domestiques, l'éducation des filles est par la nature réservée à leur mère.*

Art. 2. — Néanmoins, comme par une suite de l'oppression d'un gouvernement tyrannique, l'instruction n'est pas aussi étendue qu'elle devrait l'être et qu'elle le deviendra par l'influence bienveillante de la liberté, il sera pendant quinze années, payé du Trésor public une somme qui sera employée en primes d'encouragement

pour les femmes qui viendront se charger d'instruire
les jeunes filles à la décharge de leurs mères, et à acquitter pour les parents pauvres le salaire réglé par le
conseil des vieillards pour l'instruction de chaque jeune
fille.

Art. 3. — Les institutrices seront sous la surveillance
dudit conseil et de l'instituteur. Ce dernier, ainsi que les
aides, facilitera autant qu'il sera possible l'instruction
des institutrices pour qu'elles puissent la transmettre à
leurs élèves.

Art. 4. — L'instruction des jeunes filles roulera sur
les premier, deuxième, troisième, quatrième, sixième et
huitième objets indiqués dans l'article 3, en les restrei-
gnant aux premiers éléments.

Art. 5. — Les ouvrages propres aux femmes seront
substitués aux travaux et exercices militaires.

Art. 6. — *Une danse gracieuse et décente ne pouvant que
contribuer au développement des vertus républicaines, le
Corps législatif invitera les artistes à trouver la composition d'une danse propre aux jeunes Français de l'un et
l'autre sexe, avec une méthode facile de l'enseigner. Il
répandra l'une et l'autre dans tous les cantons et sections de canton de la République.*

Il est superflu de souligner les tâtonnements,
les contradictions, les plaintes contre « l'oppression d'un gouvernement tyrannique » utilisées
pour l'établissement d'une nouvelle loi également
tyrannique. Cette phraséologie tient d'ailleurs
autant de la fièvre révolutionnaire et des mœurs
du temps que du sujet en cause, de même que la
« méthode d'éducation par la danse qui devait
*contribuer au développement des vertus républi-
caines.* »

M. Léonard Bourdon, député du Loiret, déposa, lui aussi, un projet de décret, il fut im-

primé, comme les précédents, par ordre de la Convention. On verra ce qui le différencie de ceux de Lepeletier et de Delacroix, notamment par son article sur les écoles communales, qui permet aux pères de famille d'instruire librement leurs enfants, malgré qu'il réserve de surveiller les élèves et d'empêcher qu'ils reçoivent un enseignement « contraire aux principes de la République ».

PROJET DE DÉCRET

TITRE PREMIER
Division de l'instruction

ARTICLE PREMIER. — Il y aura trois degrés d'instruction.

ART. 2. — *Des écoles communales forment le premier degré ;* les connaissances absolument nécessaires à tous les citoyens y sont enseignées.

ART. 3. — Des écoles secondaires ou lycées forment le second degré ; les connaissances nécessaires pour remplir les différentes fonctions publiques ; celles qui peuvent servir et perfectionner l'industrie ; les sciences exactes, les langues, les beaux-arts y sont enseignés.

ART. 4. — Un lycée central forme le dernier degré ; on y enseigne au milieu des matériaux réunis de toutes les connaissances humaines, l'ensemble et les parties les plus relevées des sciences et arts.

TITRE II
Ecoles communales

ARTICLE PREMIER. — Dans chaque arrondissement de 1.500 habitants, il y a deux écoles communales : l'une pour les garçons au-dessus de dix ans dirigée par un instituteur ; l'autre pour les garçons au-dessous de cet âge et pour les filles, dirigée par une institutrice.

ART. 2. — Dans les lieux où la population est plus rapprochée,il ne sera établi de seconde école qu'au-dessus de 3.000 âmes, une troisième au-dessus de 6.000.

ART. 3. — Les administrateurs peuvent solliciter l'établissement d'une seconde école, même au-dessous de 1.500 habitants, lorque les localités l'exigent.

ART. 4. — Dans les unes et dans les autres on enseigne la lecture, l'écriture, les principes de la morale, la Déclaration des droits et la constitution, le calcul, la langue française et la géographie, et les élèves de chaque sexe sont formés aux exercices du corps qui leur sont propres.

Les garçons reçoivent des leçons élémentaires sur la théorie de l'agriculture,des métiers les plus nécessaires, et de l'art de la guerre,dans la pratique duquel ils s'exercent habituellement.

Les filles s'exercent aux différents ouvrages qui conviennent à leur sexe.

ART. 5. — Par la suite, nulle personne ne sera admise à être instituteur, qu'il n'ait acquis des connaissances dans l'art de la chirurgie, et à être institutrice qu'elle ne soit instruite dans l'art des accouchements.

ART. 6. — *Les pères de famille qui veulent se charger eux-mêmes de l'instruction de leurs enfants, et qui ne les envoient pas aux leçons des écoles communales, sont tenus de représenter ces enfants aux examens qui ont lieu dans les écoles communales à différentes époques.* Ces examens sont faits en présence des pères de famille de l'arrondissement et si l'enfant leur parait instruit dans des principes contraires à ceux de la République, ils forment un jury qui prononce que le père a perdu le droit naturel qu'il avait d'élever lui-même son enfant.

Ce jugement est porté à la municipalité qui est tenue d'ordonner la translation de l'enfant dans la maison d'égalité dont il va être question.

On le voit, pressés cependant par les pétitions

qui encombrent les archives de l'assemblée de 1793, les conventionnels si rapides à se prononcer sur tous les autres points n'avancent qu'avec la plus grande circonspection dans l'étude de la loi qui devra servir de base à l'instruction publique. La Convention crée, par décrets, des armées, des villes, fait et défait dans la même journée les généraux et les ministres, elle soutient une guerre contre l'Europe à coups de décisions brusques et tranchantes sans aucun plan général de politique extérieure ; elle entreprend au jour le jour la revision des fortunes, l'établissement d'une religion nouvelle, elle réforme et bouleverse le système financier, décrète en une heure l'abolition de millions d'assignats et en forge à la même heure pour des millions à son effigie ; mais dès que reviennent les discussions sur le régime des Écoles, sur le plan à faire d'un enseignement national, sur les principes qui doivent présider à l'instruction publique, cette Convention hardie, hâtive, qui peut tout et qui entreprend chaque jour l'impossible redevient pondérée, prudente, s'avance avec sagesse, sans hâte aucune, et écoutesans humeur des discours qui, s'ils étaient prononcés d'autres jours sur d'autres questions, vaudraient à leurs auteurs d'être traités en suspect, ou l'arrestation immédiate.

Dans la séance du 30 juillet, le conventionnel *Grégoire* revient combattre le projet Lepeletier-

Robespierre. Plusieurs de ses observations pleines de bon sens et de patriotisme sont à citer : « L'amour de la Patrie, dit-il, a sa source dans les mœurs domestiques, et si, dans l'âge le plus tendre *on n'a pas appris à être bon enfant*, il est possible, mais moins sûr, qu'on sera bon citoyen ».

Comment, en effet, des élèves instruits par l'Etat contre les croyances de leurs parents apprendraient-ils à être *bons enfants ?* et comment ne pas admettre la suite de l'argumentation de Grégoire s'écriant : « Ainsi, en rompant le contrat habituel des individus de la même famille, vous flétrissez ce qu'il y a de plus beau dans la nature ; *en atténuant les affections sociales vous décomposez la société* » (1).

Ces craintes de voir la société se décomposer par suite de la dissolution de la famille n'ont jamais cessé de hanter les meilleurs esprits... ainsi dans un remarquable ouvrage sur l'instruction publique en France, *M. Cucheval-Clarigny*, ancien élève de l'Ecole normale, agrégé des classes d'histoire, écrit :

La famille est le point de départ et le fondement de la société. Le groupement des familles rapprochées par le voisinage et la communauté des intérêts, a formé la tribu, à l'état nomade, et la commune quand la vie agricole et sédentaire a succédé à la vie pastorale. L'agrégation des communes a constitué l'Etat.

1. Archives parlementaires, t. LXX.

L'Etat n'existe donc point par lui-même, en dehors et indépendamment de la famille. Par suite, il n'a point de droits propres et inhérents à lui-même. Il a des droits ou plus exactement des pouvoirs, qui lui sont délégués pour la protection des intérêts communs.

Si étendu que puissent être ces pouvoirs, l'Etat n'en demeure pas moins un mandataire qui ne saurait sans usurpation, se mettre au-dessus de ses commettants.

C'est par l'extension indéfinie des droits de l'Etat personnifié dans l'empereur, que les jurisconsultes romains avaient établi et consolidé le despotisme impérial. C'est en reprenant cette voie que les juristes du moyen âge transformèrent la royauté française en un pouvoir absolu. *C'est en défendant les droits individuels et en les faisant prévaloir sur les prétendus droits de l'Etat que les Anglais fondèrent leur liberté.*

Si la famille est le fondement de la société, l'enfant, espoir de la famille future, appartient à la famille présente, non à l'Etat. Il est sous la garde et la direction de la famille jusqu'au jour où, par le plein développement de ses facultés, il acquiert la libre disposition de lui-même.

Le père de famille a donc une autorité inaliénable et imprescriptible sur ses enfants. Sur quoi la loi se fonderait-elle pour contester au père de famille le droit de diriger l'éducation de son fils, encore enfant, et de présider, par des maîtres de son choix, à la formation de son cœur et de son intelligence. A quel titre prétendrait-elle substituer une autorité et une responsabilité quelconque à l'autorité et à la responsabilité du père de famille ?

La liberté du père de famille exclut donc nécessairement et absolument tout monopole de l'enseignement, que ce monopole soit exercé directement par l'Etat ou au nom de l'Etat, par une corporation ou un corps quelconque.

L'enseignement doit être libre. Il doit l'être à tous les degrés.

Ces citations ne sont pas superflues. Elles servent d'abord à souligner l'esprit qui anime le promoteur de la *Séparation des Écoles et de l'État* et ensuite à lui permettre de donner, avant l'avis de la commission, les arguments sur lesquels la discussion peut s'engager.

Le 1er août, le conventionnel Thibaudeau prenant à son tour la parole sur le projet Lepeletier-Robespierre disait : « Que répondriez-vous à des parents éplorés qui vous diraient : C'est peu pour nous d'avoir donné le jour à nos enfants, nous briguons le glorieux emploi de diriger leurs âmes neuves et innocentes vers le bien, de soigner leurs corps, de développer leurs facultés physiques et morales : cette tâche nous est imposée par la nature ; nos enfants sont les liens chers et sacrés qui nous attachent les uns aux autres, qui nous consolent dans nos peines, qui nous encouragent dans nos travaux et qui nous font aimer la Patrie.

« Vous pouvez nous imposer une double contribution ; vous pouvez nous noter d'infamie ; mais vous ne nous enlèverez pas les droits de la paternité, ceux de veiller nous-mêmes sur les jours et l'éducation de nos enfants, vous ne nous enlèverez pas la gloire d'en faire un jour des hommes libres et des défenseurs de la République. »

« Que répondriez-vous ? Je ne sais, mais je ne croirais jamais au crime de ces parents, ni à la justice des lois que vous feriez pour les punir. »

A ces arguments éloquents il faut ajouter les
expériences faites et toujours les ramener aux
faits présents qui nous préoccupent.

On pourrait nous dire que nous nous servons
de discours qui visaient des projets depuis abandonnés, et qu'à l'heure actuelle le « monopole de
l'enseignement » n'étant pas encore l'objet d'une
proposition de loi, il est superflu de s'alarmer
et de discuter comme si déjà nous nous trou-
vions en sa présence.

Malheureusement, le monopole de fait, en
France, a devancé la loi.

Dâns la pratique les enfants appartiennent
déjà moralement à la Corporation des Instituteurs qui, dans leurs Congrès, leurs Amicales, etc., etc., arrêtent entre eux des plans
d'éducation de leur choix. Ainsi à Lille, au Congrès des Amicales, dans la séance du 31 août
1905, on discuta sur la « Coéducation des sexes »
dont le principe fut adopté.

En dehors du scandale que comporte une
semblable discussion de la part de fonctionnaires chargés par le gouvernement, non de façonner des enfants sur un type conçu dans les
comités des susdits fonctionnaires, mais de les
instruire selon les lois, les mœurs, l'instruction
et la morale, sous le contrôle des chefs de famille,
juges en dernier ressort, ainsi que l'ont toujours
proclamé les plus farouches éducateurs républicains, il y a le scandale qui découle du silence

du gouvernement tolérant ainsi cette emprise sur l'enfance et paraissant la sanctionner, la sanctionnant en fait.

L'opinion publique s'émut, protesta en vain. Le journal « Le Temps » s'indigna en ces termes :

Le Congrès des Amicales s'est prononcé, d'autre part, pour la coéducation des sexes. Nous pensons qu'il a résolu bien légèrement une question très grave. Il a oublié les scandales de Cempuis, où M. Robin essaya ce système. Comment ne s'est-il trouvé personne pour rappeler aux instituteurs la série des faits qui provoquèrent à la Chambre *un vote quasi-unanime de réprobation ? Malgré la faveur coupable dont M. Robin avait joui, malgré la protection de très hauts fonctionnaires peu soucieux de leur responsabilité*, la triste vérité fut connue. *D'impudeur en impudeur, on continua par livrer des enfants sans défense* — c'étaient des orphelins, des assistés — *à des observations médicales, à des expériences in anima vili...* »

Le gouvernement laissa dire la presse « et faire les autres... les instituteurs ».

Or, des procès en cours montrent que, depuis, les instituteurs sont allés plus loin encore, et qu'ils dénient aux particuliers le droit de les critiquer(1). En rattachant ces faits aux incidents nombreux, anciens et récents qui marquent les étapes de la « prise de possession des enfants » par les instituteurs, pour l'Etat qui les couvre, il est impossible de nier l'extrême gravité du conflit et per-

1. Voir les procès intentés aux évêques par les instituteurs et les auteurs des manuels condamnés par l'épiscopat.

sonne ne peut de bonne foi s'élever contre la vive émotion des parents :

« L'Etat impose à nos enfants, à nos frais et dépens, disent-ils, un enseignemeut, des manuels, des livres, une morale que nous réprouvons. »

Dans le domaine de la liberté de conscience et de la foi, en se préoccupant des principes d'égalité des citoyens devant la loi, il y a, du fait de ce monopole déguisé de l'instruction publique, une double violation de la personne humaine. On lui applique, par la force, des principes de conscience, dans lesquels jusqu'ici aucune nation, aucun gouvernement ne firent intervenir la force, et on prend aux contribuables leurs contributions pour les utiliser contre eux.

Contre les pauvres

Et comment ne pas voir que cette méthode accapareuse, arbitraire et tyrannique de l'Etat, « même si elle ne constitue pas un monopole légal » s'exerce aux dépens de la liberté et contre les intérêts des plus pauvres.

Il est bien évident que, pour échapper d'une part aux contraintes morales qui lui sont imposées, de l'autre pour libérer son fils d'un enseignement de parti pris qu'il réprouve et qui en tout état de cause *est incomplet*, le père de famille riche, ou seulement aisé, suppléera lui-même ou par des leçons privées aux lacunes de l'éducation et de l'instruction de son enfant.

Le pauvre sera donc instruit sommairement, selon le plan du gouvernement et de ses instituteurs, des seuls faits, des seules choses, des seules sciences, de la seule histoire qui seront conformes aux vues de l'Etat et aux idéaux successifs des maîtres d'école, réunis dans leurs amicales, loges maçonniques ou comités.

A côté de lui, l'enfant du riche recueillera, qu'on le veuille ou point, et très légitimement, *les bienfaits d'une instruction contradictoire ;* cette culture intellectuelle complète vaudra aux plus fortunés qui auront pu en bénéficier tous les privilèges attachés au savoir, tous les bons emplois qui vont à la compétence, ils seront armés pour la vie non seulement de leur héritage mais de leur science, de leur éducation, et sous prétexte d'égalité on aura plus que jamais creusé le fossé entre les uns et les autres et établi une ligne de démarcation entre les citoyens, la pire celle-là, car bientôt, si la *Séparation des Ecoles et de l'Etat* n'intervient point, une partie de la nation parlera un langage qui sera inintelligible à l'autre partie. Il y aura deux histoires de France, deux morales, deux consciences françaises ; la famille enfin, la famille base de la société, sera ébranlée jusque dans ses fondements. et c'est l'avis de tous ceux qui se sont penchés avec sollicitude sur le problème de l'éducation de l'enfance. *Jean-Jacques Rousseau* (1) écrivait :

Voulez-vous donc que l'enfant garde sa forme originelle, conservez-la dès l'instant qu'il vient au monde. Sitôt qu'il naît, emparez-vous de lui et ne le quittez plus qu'il ne soit homme : vous ne réussirez jamais sans cela.

Comme la véritable nourrice est la mère, le véritable précepteur est le père. Qu'ils s'accordent dans l'ordre de leurs fonctions, ainsi que dans leur système, que des mains de l'une l'enfant passe dans celles de l'autre : *il sera mieux élevé par un père judicieux et borné que par le meilleur maître du monde :* car le zèle suppléera mieux au talent que le talent au zèle.

Il n'y a ni pauvreté ni travaux, *ni respect humain* qui puissent dispenser les pères d'élever eux-mêmes leurs enfants.

Et plus loin :

Sitôt qu'il n'y a plus d'intimité entre les parents, sitôt que la sûreté de la famille ne fait plus la douceur de la vie, il faut bien recueillir aux mauvaises mœurs pour y suppléer : où est l'homme assez stupide pour ne pas voir la chaîne de tout cela ?

Toutes les tentatives et toutes les tendances que nous voyons se dérouler de nos jours sur les écoles, avec ou sans le concours du gouvernement, se donnèrent lieu sous la Convention.

Les professeurs du Mans lui soumirent, le 25 août 1793, un plan contenant à peu de choses près les arguments des partisans de la neutralité de l'enseignement par l'Etat.

1. Passages cités par le Conventionnel Thibaubeau dans son discours du 1er août 1793 sur l'éducation publique. Archives Parlementaires, t. LXX.

*Plan de l'enseignement public du collège du Mans
pour le cours de l'année scolastique, 1793 (1).*

La liberté de toutes les opinions ne permettant plus
de réunir l'enseignement religieux à l'instruction nationale, l'administration du département a déclaré que le
premier de ces deux objets devait être réservé aux soins
des pères et mères et des ministres du culte. Quelques
parents seront peut-être étonnés de ce que la religion ne
s'enseigne plus dans le collège du Mans, mais, qu'ils se
rassurent : dans chaque classe d'humanités, un petit
cours de morale saine et fondée sur des principes généralement adoptés comprendra, au nombre des princi-
pales notions, la nécessité d'adorer l'Etre suprême. Les
étudiants, ainsi préparés, recevront avec bien plus de
fruits les semences de religion de la part de leurs
parents ou de ceux que leurs parents chargeront de cet
objet.

D'ailleurs, tout enseignement public étant nécessairement uniforme, chaque collège serait obligé d'adopter un
système unique d'opinions religieuses qui concilieraient
difficilement les intentions diverses des parents des élèves. La discussion religieuse prive, depuis deux ans,
un grand nombre d'enfants de l'enseignement public, et
les replonge dans l'ignorance. N'est-il pas temps de
rouvrir le caractère des études à cette portion de la jeunesse qui perd des années si précieuses? On peut désormais les amener au collège du Mans, sans craindre qu'on
cherche à les influencer en matière de religion ; un
respectueux et absolu silence à cet égard est imposé aux
élèves, et les professeurs leur donnent l'exemple de cette
prudence.

Le 1er octobre Romme, organe du Comité
d'instruction publique, présente un projet de décret sur les écoles nationales. Il propose de les
distribuer en écoles d'enfance et en écoles d'adolescence.

1. Archives parlementaires, t. LXXV.

Projet de Décret sur les écoles nationales présenté par M. G. Romme au nom de la commission d'éducation
(Imprimé par ordre de la Convention nationale.)

La Convention, après avoir entendu la Commission d'éducation nationale, sur les nombreuses pétitions envoyées de divers points de la République, et sur celle qui a été présentée le 15 de ce mois par la Commune, les sections, les sociétés populaires, les districts ruraux et le département de Paris, pour demander la prompte organisation d'une éducation républicaine afin de faire disparaître l'enseignement dérisoire et barbare des collèges d'humanités et de toutes les écoles de l'ancien régime, qui retardent dans la génération naissante le développement de l'esprit public et de l'amour de la patrie, décrète ce qui suit.

ARTICLE PREMIER. — Tous les collèges d'humanités, les écoles de théologie et les petites écoles, sous quelque dénomination qu'elles existent, sont supprimées. Cette suppression aura son effet aussitôt que les nouveaux établissements pourront entrer en exercice.

ART. 2. — L'instruction nationale, prise dans son ensemble, se divise en deux grandes parties.

La première est relative aux besoins de chaque citoyen ;

La seconde est relative aux besoins de la société entière.

ART. 3. — Les écoles nationales consacrées à la première partie, sont distribuées dans toute la République en écoles de l'enfance et écoles de l'adolescence.

ART. 4. — Tout individu, depuis l'âge de six ans, est inscrit dans les écoles nationales.

Il y apprend à connaître ses droits, ses devoirs, comme homme et comme citoyen.

Par des exercices gymnastiques et militaires, par le travail des mains et la fréquentation des ateliers, par l'exercice de ses facultés intellectuelles et les grands exemples de vertus sociales puisés dans les annales des hommes libres, et surtout dans notre révolution, chacun est préparé à se choisir une profession utile et à devenir l'ami et le défenseur intrépide de la patrie.

Art. 5. — Les écoles de l'enfance se divisent en premières et secondes écoles. L'enseignement est essen tiellement le même dans toutes les écoles nationales, mais modifié et gradué selon l'âge et la capacité des élèves. Il est conforme au premier tableau annexé au présent décret.

Art. 6. — Tous ceux qui remplissent l'honorable fonction d'élever et d'instruire les enfants de la République, portent le titre d'instituteurs, quelle que soit l'école dans laquelle ils exercent leur zèle et leurs talents.

Ils sont fonctionnaires publics.

Art. 7. — Il y a une première école dans toutes les communes qui ont depuis 4oo jusqu'à 1.5oo habitants des deux sexes et de tout âge.

Et le même jour une grande controverse s'engage. Michel Edme Petit (1), député de l'Aisne, prononce un discours qui ébranle la Convention et se fait le défenseur de la morale religieuse.

« J'ai cru devoir m'arrêter, dit-il, d'abord aux idées religieuses parce que je les regarde comme les véritables bases de toute morale, parce que je regarde là morale comme la source de toute vertu, parce qu'enfin, en traitant de l'instruction publique et de l'éducation, la morale qui est une habitude de sentiment doit passer avant la science qui n'est qu'un avantage de l'esprit. »

Puis il s'attaque à l'athéisme.

Je crois qu'il serait infiniment nuisible au bonheur de tous les Français d'étendre la haine de la superstition au delà de ses justes bornes *et de donner pour frontispice à notre code d'éducation publique un système d'athéisme, ne fût-ce que tacitement.* Il serait peut-être plus digne de

1. Archives parlementaires, t. LXXV.

Biétry   2.

nous, de nos contemporains, de notre postérité, d'élever en ce moment un autel au Dieu inconnu, que de briser l'autel d'un Dieu dont nous aurions à dessein détourné nos cœurs et nos esprits.

Je crois que la science est bonne ; mais je ne crois pas que tout homme doive être savant. Il serait peut-être plus digne de nous de préconiser ce que nos savants appellent l'ignorance, que de préparer, par un nouveau système d'éducation, des couronnes plus brillantes que les couronnes civiques pour les orateurs, les poètes, les peintres, etc.

D'après ces idées, toutes puisées dans le républicain que je vous ai présenté dans ma première partie, républicain que vous avez accueilli en hommes libres, je vous soumets la seconde partie de mon opinion.

Je ne dirai pas que les objets d'instruction publique et d'éducation qui me restent à traiter sont les plus importants de tous ; il importe qu'aucun de ces objets ne soit négligé et tous deviennent utiles les uns par les autres ; mais je veux faire entrer dans l'éducation un objet que presque tous les orateurs qui m'ont précédé à cette tribune, semblent s'être attachés à écourter, de l'instruction publique et de l'éducation.

Je veux faire voir jusqu'à quel point la grande masse du peuple français peut profiter des lumières qu'on lui destine par le plan d'éducation ; je veux démontrer que de toutes les aristocraties, la plus pernicieuse à des républicains, c'est l'aristocratie de la science et des arts, je veux vous présenter un plan très simple d'éducation nationale, et vous soumettre enfin quelques idées sur l'instruction publique.

. . . .

. . . .

Tous les plans d'éducation que je combats à cet égard disent : rien de ce qui concerne les cultes religieux ne sera enseigné dans les écoles primaires.

Je remarque d'abord que, malgré tous les efforts des Bayle, des Mirabeau, des Helvétius, des d'Alembert, des Boulanger, des Fréret, des Diderot, et de tous les modernes copistes d'Epicure et de Lucrèce, l'idée imposante et sublime d'un Dieu rémunérateur et vengeur est restée dans tous les bons esprits et dans les cœurs droits, triomphant de toutes les erreurs obscures et même des brillants sophismes dont l'égoïsme et le crime ont toujours besoin.

Je remarque, en second lieu, qu'un personnage dont les pensées ne seront pas suspectes aux défenseurs du luxe, des sciences et des arts et dont les talents propageaient avec la gaieté du crime content de lui, la corruption des mœurs, a dit dans un de ces mouvements de l'âme qu'on éprouve quelquefois lors même qu'on fait métier de trafiquer du mensonge :

> Si les cieux dépouillés de son empreinte auguste
> Pouvaient cesser jamais de le manifester,
> Si Dieu n'existait, il faudrait l'inventer.

Je remarque enfin que cette idée si grande, si utile, de l'aveu même des philosophes les plus téméraires, et rendue plus frappante encore par les savantes inepties de ceux qui ont voulu la combattre depuis qu'elle s'avance à travers les siècles, fait la base de tous les cultes religieux. Elle sera donc bannie de l'éducation qu'on nous propose, abandonnée à l'intérêt particulier de quelques gens crédules, sots ou fripons, qui la feront entrer défigurée dans le cœur et dans les esprits de nos enfants ! Eh bien ! c'est à cette calamité publique que je m'opposerai de tout le courage d'un représentant du peuple français, parce qu'il est dans ma probité de croire honorer mon mandat, en conservant à ce peuple tout ce qui peut contribuer à le rendre heureux et bon.

. . . .

Si vous ne vous chargez pas de donner vous-même des idées religieuses à vos enfants, si par crainte des fanatiques les lois ne leur donnent pas une religion, je vous atteste qu'ils deviendront tous fanatiques et superstitieux. Je me figure un marmot de dix ans, sortant de l'école patriotique, où il a appris à lire dans la constitution républicaine, où les exemples qu'il copie en écrivant sont tirés de la Déclaration des Droits de l'homme, où enfin on lui aura sans cesse répété :

« Tu appartiendras à ta famille, à ton village, à toutes les villes de la République, à la République entière, et la République est à toi par son amour pour les enfants, par les soins qu'elle prend d'eux. Vois-tu ? la loi devant laquelle ton père se prosterne est la volonté de ton père, et celle de tous pères de la République, c'est cette loi qui contient les méchants qui voudraient poignarder ton père, égorger sur le sein de ta maman ta petite sœur qui tète encore ; c'est cette loi qui fait que toute ta famille et toi vous mangez en paix le pain que ton père vous gagne ; aussi ton plus grand bonheur sera de connaître la loi, de l'aimer, de la défendre un jour. » Mon polisson pourra bien après avoir entendu ces discours, s'en aller en faisant une pirouette et en sautant. Les méchants qui voudraient tuer son père ne sont pas là et puis son père est fort ; l'image de sa petite sœur égorgée le frappe un peu ; mais la volonté de tous les pères !... Il n'est pas assez grand pour embrasser toute cette idée-là.

Non, nous ne pourrons pas mettre d'un côté l'instruction républicaine et de l'autre l'instruction religieuse ; il faut donc réunir ces deux instructions dans l'instruction publique, en nous servant pour cela de tout ce que la sagesse nous enseigne de vérités senties. Cette réunion ne me semble pas si difficile qu'on semble le croire : j'en trouve le principe dans l'idée d'un Dieu commun à toutes les religions, et dans la tolérance que toute religion permise et amie des hommes doit enseigner.

J'ai vu, et vous avez vu comme moi, dans les fidèles extraits, dans les traductions, dans les originaux écrits en plusieurs langues, le Talmud, le Tauth, le Zenda Vesta, le Chataban, le Koran, Confucius, Pilpaï, Zoroastre, la Bible, l'Evangile, à peu près tous les auteurs révérés en fait de morale et de religion. Nous avons tous analysé les germes de vertus et de superstition

que l'on peut jeter parmi les hommes pour leur malheur et pour leur félicité. Eh bien ! voici les vérités éternelles dont il convient aux législateurs de la France, et
du monde peut-être, de proclamer la bonne nouvelle aux
nations. C'est ici le résultat de toutes les connaissances
humaines sur les plus augustes objets qui puissent
attacher sa pensée.

Voici les principes sublimes de tout ce qu'il y a de
bon et de grand dans l'homme : ici se rassemblent les
cœurs purs et les âmes sensibles, et les esprits vérita-
blement éclairés ; ici je trouve la source de toute égalité,
de toute liberté ; ici j'apprends, suivant la belle expression de Marc-Aurèle, que l'injustice est une impiété et
toute la nature prend à mes yeux une âme, et la terre
s'unit aux cieux devant moi.

Il est un Dieu modérateur de la nature, père commun de tous les hommes, source de tout ordre et de
toute justice. Il a donné à l'homme sa raison et sa
conscience, et la liberté de sa conscience. Il a gravé
dans tous les cœurs cet inaltérable principe, cet éternel
commandement de toute morale : Ne fais pas à autrui
ce que tu ne voudrais pas qu'on te fît à toi-même. Il
punit toujours le crime, ne fût-ce que par le remords. Il
récompense toujours la vertu, ne fût-ce que par le plaisir
si pur et si doux de se dire, dans le secret de sa pensée :
Il m'en a coûté quelque chose pour être utile à mes
frères, Dieu le sait ! C'est lui qui met tant de charmes
dans le plaisir d'être estimé et fait qu'on est heureux
sans la réputation. Il dédommage de l'injustice des
hommes par le bonheur de leur pardonner. Il met
toujours à côté d'un devoir un plaisir qui en sera le
prix ; à côté d'un malheur une consolation.

Dans l'excès de la douleur il fait taire la raison, veut
que celui qui conserve la force de souffrir conserve en
même temps une espérance proportionnée à ses maux.
C'est lui qui donne tant de fugitivité aux sentiments dou-
loureux, et permet que les cœurs profondément ulcérés
par de vieux chagrins se rappellent quelquefois le passé
et retrouvent ainsi du plaisir et des larmes. Il donne la
mort par bonté autant que par sagesse, et fait qu'on ne

la sent jamais. Il ne change point les événements de ce monde à la prière des hommes, mais l'homme qui s'élève à lui du milieu de sa misère et de sa faiblesse, devient toujours meilleur pour ses semblables, plus content de lui-même, plus courageux dans l'adversité, plus sage dans son bonheur. C'est lui qui, livrant le riche et ceux qui ne sont pas savants à la vanité, à l'extravagance de leurs désirs, à la dureté de leur cœur, à l'éloignement, à la haine de la nature, au malheur d'embrasser sans cesse des ombres et de poursuivre du vent, donne aux pauvres l'heureuse insouciance du lendemain et la douce pitié pour leurs semblables, source de toutes les vertus sociales. C'est lui qui donne la femme à l'homme, qui les unit l'un et l'autre dans leurs légitimes désirs et couronne leur mutuelle inclination par la naissance d'enfants qui soulageront un jour leur vieillesse. C'est lui qui veut que les enfants soient heureux, gais et libres, et que dans la tendresse de leurs pères et mères pour eux, ils trouvent les motifs de la piété filiale. C'est lui qui, rangeant tous les hommes sous le niveau de la vie et de la mort, les a tous faits semblables et leur a imprimé avec force le sentiment de la liberté et de l'égalité. La voix du peuple, c'est sa voix: la volonté de tous, la loi, c'est sa volonté suprême. C'est lui qui a donné à l'homme vertueux le désir de l'immortalité, laissant aux cœurs pervers, aux âmes atroces, le déplorable besoin de s'anéantir tout à fait. C'est lui qui veut d'une volonté toute-puissante que chacun soit, pour le repos et le bonheur de la société, libre de l'adorer à sa manière, en ne gênant pas les autres. C'est lui enfin qui ne peut avoir de temple plus agréable qu'un cœur pur et à qui on ne rend un véritable hommage que par de bonnes actions.

Telles sont, législateurs, les idées de la divinité, que j'ai trouvées dans tout ce que je connais de vrais philosophes et d'hommes extraordinaires qui parlent de Dieu: je les ai trouvées ces idées, gravées à toutes les pages des deux livres les plus éternels, la nature entière et la conscience du genre humain.

Législateurs, amis de la vertu, le silence des lois, le silence de l'éducation sur les idées religieuses, est le signal de la corruption des mœurs et l'encouragement de la superstition et du fanatisme. *Oui, je le répète et je le répéterai jusqu'à ce qu'on veuille enfin l'entendre,* PAR UNE PROCLAMATION TACITE DE L'ATHÉISME, *nous jetterons dans le peuple un ferment de crimes nouveaux et de miracles inouïs : je le prédis avec assurance, car je connais les hommes.*

A l'appui de son discours Michel-Edme Petit déposa un projet de décret sur l'instruction publique.

A l'article 5 il dit :

« Les parents *qui ne peuvent pas instruire leurs enfants eux-mêmes* les enverront à l'école publique. »

A l'article 7 :

« Les parents ne remettront point aux instituteurs l'autorité paternelle : *car ce pouvoir de la nature ne peut se confier à qui que ce soit,* mais ils sont autorisés à surveiller fraternellement les instituteurs, pour s'assurer s'ils usent envers les enfants de toute la bonté, de toute la douceur que l'enfance obtient toujours des hommes de bien. »

Enfin à l'article 14 :

« Les instituteurs seront nommés par la municipalité, *sur la présentation de la majorité absolue des pères de famille,* et leur examen aura lieu entre la présentation et la nomination. »

La discussion continua jusqu'à la fin de l'année et se termina le 25 décembre 1793 par la liberté d'enseignement.

Voici le document dans ses parties essentielles :

LIBERTÉ D'ENSEIGNEMENT

DÉCRET SUR L'ORGANISATION DE L'INSTRUCTION PUBLIQUE
29 frimaire-5 nivôse an II (19-25 décembre 1793)

SECTION I

De l'enseignement en général

ARTICLE PREMIER. — L'ENSEIGNEMENT EST LIBRE.
ART. 2. — Il sera fait publiquement.
ART. 3. — Les citoyens et citoyennes qui voudront
user de la liberté d'enseigner seront tenus :
1° De déclarer à la municipalité, ou section de la commune, qu'ils sont dans l'intention d'ouvrir une école ;
2° De désigner l'espèce de science ou art qu'ils se
proposent d'enseigner ;
3° De produire un certificat de civisme et de bonnes
mœurs, signé de la moitié des membres du conseil général de la commune ou de la section du lieu de leur
résidence, et par deux membres au moins du comité de
surveillance de la section, ou du lieu de leur domicile,
ou du lieu qui en est le plus voisin ;
4° Les citoyens et citoyennes qui se vouent à l'instruction ou à l'enseignement de quelque art ou science que
ce soit, seront désignés sous le nom d'instituteurs ou
d'institutrices.

SECTION II

De la surveillance de l'enseignement

ARTICLE PREMIER. — *Les instituteurs ou institutrices
sont sous la surveillance immédiate de la municipalité ou
section des pères, mères, tuteurs ou curateurs et sous la
surveillance de tous les citoyens.*

2° *Tout instituteur ou institutrice qui enseignerait dans son école des préceptes ou maximes contraires aux lois et à la morale républicaine, sera dénoncé par la surveillance, et puni selon la gravité du délit.*

3° Tout instituteur ou institutrice qui outrage les mœurs publiques est dénoncé par la surveillance et traduit devant la police correctionnelle, ou tout autre tribunal compétent, pour y être jugé suivant la loi.

Section III

Du premier degré d'instruction

ARTICLE PREMIER. — La Convention nationale charge son comité d'instruction de lui présenter les livres élémentaires des connaissances absolument nécessaires pour former les citoyens, et déclare que les premiers de ces livres sont les Droits de l'homme, la constitution, le tableau des actions héroïques ou vertueuses.

2° Les citoyens et citoyennes qui se borneront à enseigner à lire, à écrire et les premières règles de l'arithmétique, seront tenus de se conformer, dans leurs enseignements, aux livres élémentaires adoptés et publiés à cet effet par la représentation nationale.

3· Ils seront salariés par la République à raison du nombre des élèves qui fréquentent leurs écoles et conformément au tarif suivant...

. . . .

DÉCRET QUI ORDONNE LA PROMULGATION DES DÉCRETS SUR L'ORGANISATION DES ÉCOLES PRIMAIRES ET DE L'ENSEIGNEMENT PUBLIC

29 frimaire-5 nivôse an II (19-25 décembre 1793).

La Convention nationale décrète que les décrets, rendus sur l'organisation des écoles primaires et de l'enseignement public, seront promulgués sans délai, pour que leur exécution n'éprouve aucun retard ; et que le comité d'instruction publique lui présentera, primidi prochain, un projet d'établissement de fêtes civiques, jeux et exercices nationaux.

Biétry   3

Voilà la première loi longuement mûrie et délibérée par la Convention, pour organiser l'instruction publique, dans la République une et indivisible.

Partis d'un plan proposant le monopole et même l'encasernement des enfants, les fondateurs du régime républicain aboutirent logiquement à la liberté. Liberté mitigée par le contrôle des livres et l'obligation de se « CONFORMER » aux livres adoptés par la convention, mais sans l'obligation d'user de ces livres.

D'ailleurs, l'article 12 de la Constitution de 1791 (Assemblée constituante) disait.

Constitution de 1791 (Ass. Constituante)

ART. 12. — Il sera libre à tout particulier, en se soumettant aux lois générales sur l'enseignement public, de former des établissements d'instruction ; ils seront tenus de s'inscrire aux municipalités et de publier leur règlement.

En 1793, le projet Lakanal réservait :

« La loi ne peut porter atteinte au droit qu'ont tous les citoyens d'ouvrir des cours et des écoles particulières et libres sur toutes les parties de l'enseignement et de les diriger comme bon leur semble. »

Et la *Constitution de l'an III* précisait :

« L'enseignement est libre.

« Les citoyens ont le droit de former des établissements particuliers d'instruction et d'éducation, ainsi que des sociétés libres, pour les progrès des sciences, des lettres et des arts » (art. 3oo).

Ainsi on peut affirmer sans crainte que les fondements de la législation républicaine en ce qui concerne l'instruction publique reposent sur la liberté complète de l'Enseignement.

Sous le premier Empire

MONOPOLE DE L'ENSEIGNEMENT

La première tentative de monopole de l'enseignement suivie d'exécution, fut faite par Napoléon.

La loi du 18 mai 1806 dit :

« L'instruction publique devra être confiée exclusivement au gouvernement. »

Dès lors, le gouvernement, sous la main de fer de Napoléon procède par décrets : Il est nécessaire de souligner que la France était livrée à l'anarchie, que le désordre le plus profond régnait de la base au sommet de la société ; rien ne subsistait de l'enseignement religieux sur lequel avait vécu la France pendant des siècles, et les lois de 1793, sur l'organisation de l'instruction publique étaient restées lettre morte. Dans ces conditions très particulières, le monopole de l'Enseignement entre les mains de l'autorité était peut-être le seul moyen efficace pour remettre en place et en fonction la hiérarchie enseignante. Quoi qu'il en soit, voici les faits.

C'est le 10 mai 1806 que fut votée la loi établissant le monopole de l'enseignement.

Article premier. — Il sera formé, sous le nom d'Université impériale, un corps chargé exclusivement de l'enseignement et de l'éducation publique dans tout l'Empire.

Art. 2. — L'organisation du corps enseignant sera présentée en forme de loi au corps législatif à la session de 1810.

Le monopole était créé :

**

Mais Napoléon n'attendit pas 1810 et le 17 mars 1808 fut promulgué le « décret portant organisation de l'Université », complété le 17 septembre suivant.

ARTICLES PRINCIPAUX DU DÉCRET DU 17 MARS 1808

Décret impérial portant organisation de l'Université

TITRE PREMIER

Organisation générale de l'Université

Article premier. — L'enseignement public, dans tout l'empire, est confié exclusivement à l'Université.

. . . .

Art. 3. — Nul ne peut ouvrir d'école, ni enseigner publiquement sans être membre de l'Université impériale et gradué par l'une de ses facultés. Néanmoins, l'instruction dans les séminaires dépend des archevêques et évêques, chacun dans son diocèse. Ils en nomment et révoquent les directeurs et professeurs, ils sont seulement tenus de se conformer aux règlements, pour les séminaires que nous avons approuvés..

ART. 5. — Les écoles appartenant à chaque Académie seront placées dans l'ordre suivant :

1° Les facultés ;

2° Les lycées ;

3° Les collèges ;

4° Les institutions, écoles tenues par des instituteurs particuliers, où l'enseignement se rapproche de celui des collèges ;

5° Les pensions, pensionnats, appartenant à des maîtres particuliers et consacrés à des études moins fortes que celles des institutions.

6° Les petites écoles, écoles primaires.

TITRE II. — DE LA COMPOSITION DES FACULTÉS (art. 6-14).

TITRE III. — DES GRADES DES FACULTÉS (art. 16-28).

TITRE IV. — DE L'ORDRE QUI SERA ÉTABLI ENTRE LES MEMBRES DE L'UNIVERSITÉ (29-37).

TITRE V. — DES BASES DE L'ENSEIGNEMENT DANS LES ÉCOLES DE L'UNIVERSITÉ (38).

ART. 38. — *Toutes les écoles de l'Université impériale prendront pour base de leur enseignement :*

1° *Les préceptes de la religion catholique ;*

2° *La fidélité à l'empereur.*

TITRE VI. — DES OBLIGATIONS QUE CONTRACTENT LES MEMBRES DE L'UNIVERSITÉ (39-49).

TITRE VII. — DES FONCTIONS ET ATTRIBUTIONS DU GRAND MAITRE DE L'UNIVERSITÉ (50-63).

ART. 54. — Il accordera la permission d'enseigner et d'ouvrir des maisons d'instruction aux gradués de l'Université qui la lui demanderont et qui auront rempli les conditions exigées par les règlements pour obtenir cette permission.

ART. 59. — Les grades, les titres, les fonctions et les chaires, et en général tous les emplois de l'Université impériale, seront conférés aux membres de ce corps par le grand maître et portant le sceau de l'Université.

ART. 60. — Il donnera aux différentes écoles les règlements de discipline.

Art. 62. — Il se fera rendre compte de l'état des recettes et des dépenses des établissements d'instruction.

TITRE VIII. — Des fonctions et attributions du chancelier et du trésorier de l'Université (64-68).

TITRE IX. — Du conseil de l'Université (69-84).

Art, 76. — Le grand maître proposera à la discussion du conseil tous les projets de règlements et de statuts. qui pourront être faits pour les écoles de divers degrés.

Art. 80. — Le conseil admettra ou rejettera les ouvrages qui auront été ou devront être mis entre les mains des élèves, ou placés dans les bibliothèques des lycées et des collèges ; il examinera les ouvrages nouveaux qui seront proposés pour l'enseignement des mêmes écoles. »

TITRE X. — Des conseils académiques (85-89).

TITRE XI. — Des Inspecteurs de l'Université et des inspecteurs des académies (90-93).

Art. 93. — Il y aura dans chaque académie un ou deux inspecteurs particuliers, qui seront chargés, par ordre du recteur, de la visite et de l'inspection des écoles de leurs arrondissements, spécialement des collèges, des institutions, des pensions et des écoles primaires. Ils seront nommés par le grand maître sur la présentation des recteurs.

TITRE XII. — Des recteurs des académies (94-95).

Art. 98. — Ils feront inspecter et surveiller, par les inspecteurs particuliers des académies, les écoles et surtout les collèges, les institutions et les pensions, et ils feront eux-mêmes des visites le plus souvent qu'il leur sera possible.

Art. 99. — Il sera tenu dans chaque école, par ordre des recteurs, un registre annuel sur lequel chaque administrateur, professeur, agrégé, régent et maître d'école insérera lui-même et par colonnes, ses nom, prénom, âge, lieu de naissance, ainsi que les places qu'il a occupées, les emplois qu'il a remplis dans les écoles.

Les chefs des écoles enverront un double de ces registres aux recteurs de leurs académies qui le feront parvenir au chancelier de l'Université.

TITRE XII. — Des règlements a donner aux lycées, aux collèges, aux institutions, aux pensions et aux écoles primaires (100-109).

Art. 103. — Les chefs d'institution et les maîtres de pension ne pourront exercer sans avoir reçu du grand maître de l'Université un brevet portant pouvoir de tenir leur établissement. Ce brevet sera de dix années et pourra être renouvelé, ils se conformeront les uns et les autres aux règlements que le grand maître leur adressera après les avoir fait délibérer et arrêter en conseil de l'Université.

Art. 104. — Il ne sera rien imprimé, ni publié, pour annoncer les études, la discipline, les conditions des pensions, ni sur les exercices des élèves dans les écoles, sans que les divers prospectus et programmes aient été soumis aux recteurs et au conseil des académies et sans en avoir obtenu l'approbation.

Art. 105. — Sur la proposition des recteurs, l'avis des inspecteurs et d'après une information faite par des conseils académiques le grand maître, après avoir consulté le conseil de l'Université, pourra faire fermer les institutions et pensions où il aura été reconnu des abus graves et des principes contraires à ceux que professe l'Université.

. . . .

Art. 109. — Les Frères des Ecoles chrétiennes seront brevetés et encouragés par le grand maître qui visera leurs statuts intérieurs, les admettra au serment, leur prescrira un habit particulier et fera surveiller leurs écoles.

Les supérieurs de ces congrégations pourront être membres de l'Université.

TITRE XIV. — Du mode de renouvellement des fonctionnaires et professeurs de l'Université (110-122).

TITRES XV-XIX. — De l'émérifat, des costumes, des revenus, des dépenses. Dispositions générales (art. 123-144 et dernier.)

Les côtés caractéristiques de ce décret se signalent d'eux-mêmes :

L'Université impériale, UNE, a le monopole exclusif de l'enseignement dans tout l'empire.

Les bases de l'enseignement dans les écoles sont fixées impérativement : préceptes de la religion catholique, fidélité à l'empereur.

Tous les emplois, grades, diplômes, sont conférés par le grand maître de l'Université.

Les Frères des Ecoles chrétiennes sont brevetés et encouragés, les supérieurs de leurs congrégations peuvent faire partie de l'Université.

Visiblement, Napoléc⸗ ⸗ousse à la restauration d'un enseignement catholique sous son autorité et son contrôle propre.

Vient le décret du 17 septembre 1808 qui complète ces mesures.

Décret du 17 septembre 1808

Article premier. . . . .
Art. 2. — A dater du 1er janvier 1809, l'enseignement public dans tout l'empire sera confié exclusivement à l'Université.
Art. 3. — Tout établissement quelconque d'instruction qui, à l'époque ci-dessus, ne serait pas suivi d'un diplôme exprès du grand maître, cessera d'exister.

Le décret même du 17 septembre 1808 portait en outre qu'il serait perçu au profit de l'Université le vingtième de la pension de chaque élève, que ces élèves paient la pension entière, la demi pension ou soient reçus à titre gratuit dans les maisons d'instruction ; les diplômes portant permission d'ouvrir une école étaient sujets à paiement et les maîtres de pension et les instituteurs devaient payer à l'Université une somme égale au quart de celle qu'ils avaient payée pour obtenir l'autorisation d'ouverture.

Il subsistait donc des écoles particulières ainsi que les petits séminaires, restés sous la direction des évêques mais sous quelles entraves!

Le 9 avril 1809, un décret fit rentrer les petits séminaires sous le joug commun ; ils ne dépendaient plus des évêques, mais l'Université promettait un « intérêt spécial » aux élèves se destinant à l'état ecclésiastique.

Le 4 juin 1809, nouveau décret impérial concernant diverses dispositions pour accorder le régime des anciennes écoles avec celui de l'Université.

Il concerne seulement les facultés de droit, de médecine, les universités et écoles de Turin et Gênes, les bureaux d'administration des lycées et collèges.

Malgré tout, des petits séminaires et des écoles privées subsistaient, et Napoléon prit contre elles le décret du 15 novembre 1811.

Il prescrivait la fondation de 100 lycées.

Les écoles particulières laïques étaient de deux classes, les institutions et les pensions.

Les institutions placées dans les villes qui n'ont ni lycée ni collège peuvent enseigner jusqu'aux humanités inclusivement (art. 15).

Les pensions, dans ces mêmes villes, ne peuvent enseigner que la grammaire et les éléments d'arithmétique et géométrie (art. 16).

Les institutions placées dans les villes qui ont un lycée ou collège ne pourront enseigner que les premiers éléments et répéter l'enseignement donné au lycée ou collège (art. 15).

Les pensions dans ces mêmes villes ne pourront avoir de pensionnaires au-dessus de neuf ans qu'autant que le collège ou lycée serait plein (art. 17), l'élève devra être muni d'une autorisation du proviseur pour pouvoir entrer dans la pension (20).

Les pensions ne peuvent que répéter les leçons des collèges (16), et les élèves des institutions ou pensions dans les villes où il y a des lycées ou collèges seront conduits aux établissements de l'Etat (22) et tous porteront l'uniforme des lycées.

Il y aura une école secondaire ecclésiastique par département (27) dans une ville ayant un collège ou un lycée (28), les élèves seront conduits au lycée, et les règlements approuvés par le grand maître.

Si quelqu'un enseigne sans l'autorisation du grand maître, son école sera fermée, il sera traduit en police correctionnelle et condamné à l'amende (54). Si l'enseignement donné dans un établissement particulier est contraire à celui donné par l'Université, il sera fermé (57).

Les maîtres de pension et les chefs d'institution qui feront de fausses déclarations seront censurés et condamnés à l'amende (63), ceux qui s'écarteront des bases d'enseignement prescrites par l'Université le seront également (65).

Le 24 août 1813 le conseil de l'Université rendait un arrêt aux termes duquel « les curés, les desservants, les pasteurs ou tous autres ecclésiastiques qui admettent chez eux des élèves comme pensionnaires ou externes pour y recevoir des leçons... sont tenus de demander l'autorisation au grand maître [de l'Université] ; eux et leurs élèves sont soumis à la juridiction de l'Université » ; les parents seuls avaient le droit, sans autorisation, d'apprendre à lire à leurs enfants.

L'ENSEIGNEMENT ET LA RESTAURATION

Lors de la première Restauration le gouvernement déclara que les formes et la direction de l'éducation des enfants seraient rendues à l'autorité des pères et mères (*Moniteur*, 8 avril 1814).

Le 22 juin une ordonnance royale maintenait provisoirement l'Université, et une autre du 5 octobre remettait les écoles secondaires ecclésiastiques sous la direction des archevêques et évêques et les dispensait d'envoyer les élèves au lycée.

L'Université était maintenue provisoirement et l'ordonnance du 17 février 1815 la réorganisait, en s'attachant surtout à décentraliser. Il n'est plus question de « l'Université », mais des universités auxquelles on donne un statut.

Ordonnance du 22 juin 1814 réglant provisoirement la situation de l'Université

Article premier. — Jusqu'à ce qu'il ait pu être apporté à l'ordre actuel de l'Universi   modification

qui seront jugées utiles, l'Université de France obser-
vera les règlements actuellement en vigueur.

Art. 2. — Les membres de l'Université, les instituteurs, les maîtres de pension et tous autres se conformeront à ces règlements chacun en ce qui le concerne.

ORDONNANCE DU 17 FÉVRIER 1815

TITRE PREMIER

Disposições générales

Art. 2. — *Chaque* Université sera composée : 1° d'un
conseil présidé par un recteur ; 2° de facultés ; 3° de
collèges royaux ; 4° de collèges communaux.

TITRE II

Des Universités

Art. 5. — Le conseil de *chaque* Université est composé d'un recteur, président, des doyens des facultés, du
proviseur du collège royal du chef-lieu ou du plus ancien
des proviseurs s'il y a plusieurs collèges royaux et de
trois notables au moins choisis par notre conseil royal
de l'instruction publique.

Art. 6. — *L'évêque et le préfet* sont membres de ce conseil..

Art. 7. — Le conseil de l'Université fait visiter quand
il le juge à propos les collèges royaux et communaux,
les institutions, pensionnats et autres établissements
d'instruction, par deux inspecteurs qui lui rendent compte
de l'état de l'enseignement et de la discipline dans
le ressort de l'Université, conformément aux instructions
qu'ils ont reçues de lui.

Le nombre des inspecteurs de l'Université de Paris
peut être porté à six.

Art. 12. — Nul ne peut établir une institution ou un

pensionnat, ou devenir chef d'une institution ou d'un pensionnat déjà établi, s'il n'a été examiné et dûment autorisé par le conseil de l'Université et si cette autorisation n'a été approuvée par le conseil royal de l'instruction publique.

ART. 44. — Les chefs d'institution et maîtres de pension établis dans les villes où il y a des collèges royaux ou des collèges communaux sont tenus d'envoyer leurs pensionnaires comme externes aux leçons desdits collèges.(Cette disposition existait déjà sous Napoléon Ier). (Décret du 15 novembre 1811, art. 21.)

ART. 45.—Est et demeure néanmoins exceptée de cette obligation l'école secondaire ecclésiastique qui a été ou pourra être établie dans chaque département en vertu de notre ordonnance du 5 octobre 1814, mais ladite école ne peut recevoir aucun élève externe.

TITRE III. — DE L'ÉCOLE NORMALE (46-50).

TITRE IV. — DU CONSEIL ROYAL DE L'INSTRUCTION PUBLIQUE (51-67).

TITRE V. — DES RECETTES ET DÉPENSES (68-82).

TITRE VI. — DISPOSITIONS TRANSITOIRES (Ne contient rien relativement à la liberté de l'enseignement).

Ces dispositions furent modifiées et augmentées par une ordonnance rendue le 29 février 1816. On y on voit apparaître les comités cantonaux de surveillance des écoles, précurseurs des « délégués cantonaux » du régime actuel.

L'ordonnance réserve dans les cantons protestants le remplacement du curé par le pasteur pour veiller à l'éducation des enfants de leurs communions et règle les conditions dans lesquelles les instituteurs peuvent être admis à exercer.

ORDONNANCE DU 29 FÉVRIER 1816

ARTICLE PREMIER. — Il sera formé dans chaque canton, par les soins de nos préfets, un comité gratuit et de charité pour surveiller et encourager l'instruction primaire.

ART. 2. — Seront membres nécessaires de ce comité le curé cantonal, le juge de paix, le principal du collège s'il y en a un dans le canton.

ART. 3. — Les autres membres au nombre de trois ou quatre au plus seront choisis par le recteur de l'Académie d'après les indications du sous-préfet et des inspecteurs d'Académie. Leur nomination sera approuvée par le préfet.

ART. 4. — Les membres du comité prendront rang entre eux d'après l'ordre d'ancienneté de nomination, ceux qui seraient nommés le même jour prendront rang d'après leur âge. Le curé cantonal présidera.

ART. 5. — Le sous-préfet et le procureur du roi seront membres de tous les comités cantonaux de leur arrondissement et y prendront les premières places toutes les fois qu'ils voudront y assister. Dans les villes composées de plusieurs cantons, les comités cantonaux, sur la demande du recteur, pourront se réunir pour concerter ensemble des mesures uniformes.

ART. 6 — Dans les cantons où l'un des deux cultes protestants est professé, il sera formé un comité semblable pour veiller à l'éducation des enfants de ces communions. Les autorités civiles exerceront sur ces comités la même autorité et la même surveillance que sur les comités formés pour l'éducation des enfants catholiques.

ART. 7. — Le comité cantonal veillera au maintien de l'ordre, des mœurs et de l'enseignement religieux, à l'observation des règlements et à la réforme des abus dans toutes les écoles du canton. Il sollicitera, près du préfet et de toute autre autorité compétente, les mesures convenables, soit pour l'ordre et la discipline.

Il est spécialement chargé d'employer tous ses soins

pour faire établir des écoles dans les lieux où il n'y en a
point.

Art. 8. — Chaque école aura pour surveillants spéciaux le curé ou desservant de la paroisse et le maire de
la commune où elle est située.

Le comité cantonal pourra adjoindre, au curé et au
maire, comme surveillant spécial l'un des notables de la
commune, choisi de préférence parmi les bienfaiteurs de
l'école.

Dans les communes où les enfants de différentes religions ont des écoles séparées, le pasteur protestant
sera surveillant spécial des écoles de son culte.

Art. 9. — Les surveillants spéciaux visiteront, au
moins une fois par mois, l'école primaire qui sera sous
leur inspection, feront faire les exercices sous leurs yeux
et en rendront compte au comité cantonal.

Art. 10. — Tout particulier qui désirera se vouer aux
fonctions d'instituteur primaire devra présenter au recteur de son académie un certificat de bonne conduite
des curés et des maires de la commune où il aura
habité depuis trois ans au moins ; il sera ensuite examiné par un inspecteur d'académie, ou par tel autre
fonctionnaire de l'instruction publique que le recteur
déléguera, et recevra, s'il est trouvé digne, un brevet de
capacité du recteur.

Art. 11. — Les brevets de capacité seront de trois
degrés.

. . . .

Art. 13. — Pour avoir le droit d'exercer, il faut, outre
le brevet général de capacité, une autorisation spéciale
du recteur pour un lieu déterminé. Cette autorisation
spéciale devra être agréée par le préfet.

Art. 14. — Toute commune sera tenue de pourvoir à
ce que les enfants qui l'habitent reçoivent l'instruction
primaire et à ce que les enfants indigents la reçoivent
gratuitement.

Art. 14-17. — . . . .

(Ecoles et fréquentation scolaire).

Art. 18. — Toute personne ou association qui aurait
fondé une école ou qui l'entretiendrait par charité,

pourra présenter l'instituteur ; pourvu qu'il soit muni d'un certificat de capacité et que le comité cantonal n'ait rien à objecter sur sa conduite, il recevra l'autorisation du recteur.

Celui qui aura fondé une école, soit par donation, soit par testament, pourra réserver à ses héritiers ou successeurs, dans l'ordre qu'il désignera, le droit de présenter l'instituteur.

Art. 19. — Les personnes ou associations et les bureaux de charité qui auraient fondé et entretiendraient des écoles gratuites pourront aussi se réserver, ou à leurs successeurs, l'administration économique de ces écoles et donneront leur avis au comité de surveillance sur ce qui concerne leur régime intérieur.

Art. 20-21. — (Nomination des instituteurs communaux)...

Art. 22. — Les communes et les fondateurs particuliers pourront donner les places d'instituteurs au concours, et établir la nécessité de ce mode ainsi que les formalités à y observer.

En ce cas, les concurrents devront d'abord justifier de leurs certificats de capacité et de bonne conduite, et celui qui, par le résultat du concours, aura été jugé le plus digne, sera présenté.

Art. 23. — (Présentation d'instituteur)...

Art. 24. — Lorsqu'un individu muni du brevet de capacité désirera s'établir librement dans une commune à l'effet d'y tenir école, il s'adressera au comité cantonal et lui présentera, outre son brevet de capacité, des certificats qui attestent sa bonne conduite depuis qu'il l'a obtenu.

Le comité examinera si cette commune n'est point déjà suffisamment pourvue d'instituteurs et donnera son avis au recteur, comme dans le cas de l'article précédent.

Art. 25. — Sur le rapport motivé des surveillants spéciaux et l'avis du comité cantonal, le recteur peut révoquer l'autorisation donnée pour un lieu particulier à un instituteur.

Art. 26. — Le comité cantonal peut aussi provoquer d'office cette révocation de la part du recteur.

Art. 27. — S'il y a urgence, et dans le cas de scandale, le comité cantonal a le droit de suspension.

Art. 28. — Le recteur peut même retirer le brevet de capacité à un instituteur.

Art. 29. - Le recteur et les inspecteurs d'Académie, dans leurs tournées, donneront la plus grande attention à l'instruction primaire, ils réuniront les comités cantonaux et se feront rendre compte des progrès de cette instruction, ils visiteront les écoles autant qu'il leur sera possible.

Art. 30. — La commission de l'instruction publique veillera avec soin à ce que, dans toutes les écoles, l'instruction primaire soit fondée sur la religion, le respect pour les lois et l'amour dû au souverain, elle fera les règlements généraux sur l'instruction primaire et indiquera les méthodes à suivre dans cette instruction et les ouvrages dont les maîtres devront faire usage.

Art. 31. — Les personnes ou les associations qui entretiendront à leurs frais des écoles, ne pourront y établir des méthodes et des règlements particuliers.

Arts. 32-33. — ....(Ecoles mixtes. Statistique)......

Art. 34. — Les élèves et les maîtres des écoles primaires sont exempts de tous droits et contributions envers l'administration de l'instruction publique.

Art. 35. — ....(Subventions)...............

Art. 36. — Toute association religieuse ou charitable, telle que celle des Ecoles chrétiennes, pourra être admise à fournir, à des conditions convenues, des maîtres aux communes qui en demanderont, pourvu que cette association soit autorisée par nous et que ces règlements et les méthodes qu'elle emploie aient été approuvés par notre commission de l'instruction publique.

Art. 37. — ....(Subventions)............

Art. 38. — Les écoles pourvues de maîtres par ces sortes d'associations resteront soumises comme les autres à la surveillance des autorités établies par la présente ordonnance.

Art. 39. — .... (Réunions de classes)..........

Art. 40. — Les archevêques et évêques, dans le cours de leurs tournées, pourront prendre connaissance de l'état de l'enseignement religieux dans les écoles du culte catholique ....

Les consistoires et les pasteurs exerceront la même surveillance sur les écoles des cultes protestants.

Rien de saillant n'était intervenu dans l'enseignement jusqu'à cette ordonnance du 20 février 1816, suivie d'une « instruction » publiée en mars de la même année pour les comités cantonaux.

Il est fait dans le document ci-dessus une place de choix aux bienfaiteurs qui, par leurs libéralités, ont aidé au développement de l'école. L'intervention des comités cantonaux, dans le choix des maîtres, est toujours nécessaire ainsi que dans l'examen de leurs brevets et certificats de capacité. L'article 14, cependant, contient en germe le principe de l'obligation scolaire et, en fait, celui de la gratuité de l'enseignement pour les indigents.

MARS 1816

INSTRUCTIONS POUR LES COMITÉS CANTONAUX DE L'ACADÉMIE DE PARIS

pour exécution de l'ordonnance du 29 février 1814

C'est particulièrement à la faveur des surveillants spéciaux des écoles qu'ils [les comités cantonaux] connaîtront la tenue de ces écoles, la manière dont elles sont dirigées et la conduite des maîtres.

Ces surveillants sont les desservants des paroisses, les maires des communes et quelques personnes choisies parmi les notables du lieu.

Dans la ville de Paris, il sera nécessaire que le comité cantonal nomme pour chaque paroisse un ou deux notables pour exercer avec les desservants les fonctions de surveillants spéciaux.

S'il y a dans l'arrondissement quelque école qui subsiste ou qui soit aidée de libéralités particulières, c'est parmi les bienfaiteurs de l'école que doivent être choisis de préférence ceux que le comité jugera à propos de nommer surveillants ou d'adjoindre aux surveillants de droit.

Les comités doivent engager expressément les surveillants à visiter une fois par mois les écoles de leur ressort.

L'intervention des comités dans le choix des maîtres est toujours nécessaire.

C'est d'après l'avis qu'ils donnent sur ces... demandes que les autorisations d'exercer sont refusées ou accordées par la commission faisant fonctions de recteur.

. . . .

A l'égard des écoles entretenues par la charité publique ou particulière, si les comités n'ont rien à objecter contre les sujets proposés par ceux qui ont fondé ces écoles ou qui les soutiennent, l'autorisation d'exercer doit être demandée par eux sans difficulté.

. . . .

Enfin, lorsqu'un individu demandera à établir une école particulière dans un lieu déterminé, le comité se fera représenter, indépendamment du brevet de capacité des certificats qui attestent la bonne conduite de l'individu depuis qu'il a obtenu son brevet. Il examinera en outre s'il n'y a point déjà un nombre suffisant d'instituteurs dans l'arrondissement ou dans la commune, et donnera son avis en conséquence à la commission.

. . . .

Sous la Restauration, la réaction se continua

contre les tendances de l'empire, et contre le monopole universitaire, vivement attaqué, sans beaucoup de résultat d'ailleurs, puisque l'ordonnance du 5 juillet 1820 exigeait de tout candidat au baccalauréat un séjour d'un an dans un collège royal.

Mais l'Eglise, échappant pour son compte, en partie, à une étroite tutelle, pénétra l'Université, surtout après l'ordonnance du 27 février 1821 qui donnait à l'évêque la surveillance des collèges au point de vue religieux, permettait la création de collèges de plein exercice, et autorisait les curés à former deux ou trois jeunes gens pour les petits séminaires,

En 1820, nouvelles ordonnances, soumettant au régime de l'Université les collèges dirigés par les Jésuites et réglementant les petits séminaires (16 mars).

La monarchie de Juillet

La monarchie de Juillet promettait la liberté de l'enseignement, mais les libéraux oubliant qu'ils avaient fait la révolution de juillet au nom de la liberté d'enseignement, la déniaient ouvertement aux catholiques, et l'Université se cramponnait à son monopole « *avec des anxiétés de pot au feu* ». (Ces mots sont de Sainte-Beuve.)

Dès 1830 des premiers projets furent déposés et le 3 février une ordonnance annonçait qu'une commission devait préparer un projet de loi sur l'enseignement.

En octobre 1831, il fut présenté, mais jamais discuté.

Vint la loi de 1833.

28 JUIN 1833

LOI SUR L'INSTRUCTION PRIMAIRE

TITRE PREMIER

De l'instruction primaire, de son objet

ARTICLE PREMIER. — L'instruction primaire est élémentaire ou supérieure.

ART. 2. — Le vœu des pères de famille sera toujours consulté et suivi en ce qui concerne la participation de leurs enfants à l'instruction religieuse.

ART. 3. — L'instruction primaire est privée ou publique.

TITRE II

Des Ecoles primaires privées

ART. 4. — Tout individu âgé de dix-huit ans accomplis pourra exercer la profession d'instituteur primaire et diriger tout établissement quelconque d'instruction primaire sans autres conditions que de présenter préalablement au maire de la commune où il voudra tenir école :

1° Un brevet de capacité obtenu après examen, selon le degré de l'école qu'il veut établir ;

2° Un certificat constatant que l'impétrant est digne, par sa moralité, de se livrer à l'enseignement. Ce certificat sera délivré sur l'attestation de trois conseillers municipaux par le maire de la commune ou de chacune des communes où il aura résidé depuis trois ans.

ART. 5. — Sont incapables de tenir école :

1° Les condamnés à des peines afflictives et infamantes ;

2° Les condamnés pour vol, escroquerie, banqueroute, abus de confiance ou attentat aux mœurs et les individus qui auront été privés par jugement de tout ou partie des droits de famille mentionnés aux paragraphes 5 et 6 de l'article 42 du Code pénal ;

3° Les individus interdits en vertu de l'article 7 de la présente loi.

ART. 6. — Quiconque aura ouvert une école primaire en contravention à l'article 5, ou sans avoir satisfait aux conditions prescrites par l'article 4 de la présente loi, sera poursuivi devant le tribunal correctionnel du lieu du délit et condamné à une amende de 50 à 200 fr. L'école sera fermée.

En cas de récidive, le délinquant sera condamné à un emprisonnement de quinze à trente jours et d'une amende de 100 à 400 francs.

ART. 7. — Tout instituteur privé, sur la demande du comité mentionné dans l'article 19 de la présente loi ou sur la poursuite d'office du ministère public, pourra être traduit, pour cause d'inconduite ou d'immoralité devant le tribunal civil de l'arrondissement et être interdit de l'exercice de sa profession à temps ou à toujours.

Le tribunal entendra les parties et statuera sommairement en Chambre du conseil. Il en sera de même sur l'appel qui devra être interjeté dans le délai de dix jours, à compter du jour de la notification du jugement, qui en aucun cas ne sera suspensif. Le tout sans préjudice des poursuites qui pourraient avoir lieu pour crimes, délits ou contraventions punis par les lois.

TITRE III

Des écoles primaires publiques

ARTICLES 8-16. —

. . . .

. . . .

TITRE IV

Des autorités préposées à l'instruction primaire

Art. 17. — Il y aura près de chaque école communale un comité local de surveillance, composé du maire ou adjoint, président, du curé ou pasteur et d'un ou plusieurs habitants notables désignés par le comité d'arrondissement.

Dans les communes dont la population est répartie entre différents cultes reconnus par l'Etat, le curé ou le plus ancien des curés et l'un des ministres de chacun des autres cultes désigné par son consistoire feront partie du comité communal de surveillance.

Plusieurs écoles de la même commune pourront être réunies sous la surveillance du même comité.

Lorsqu'en vertu de l'article 9 plusieurs communes se seront réunies pour entretenir une école, le comité d'arrondissement, désignera dans chaque commune, un ou plusieurs habitants notables pour faire partie du comité.

Sur le rapport du comité d'arrondissement, le ministre de l'Instruction publique pourra dissoudre un comité local de surveillance et le remplacer par un comité spécial dans lequel personne ne sera compris de droit.

Art. 18. — Il sera formé, dans chaque arrondissement de sous-préfecture, un comité spécialement chargé de surveiller et d'encourager l'instruction primaire.

Le ministre de l'Instruction publique pourra, suivant la population et les besoins des localités, établir dans le même arrondissement plusieurs comités dont il déterminera la circonscription par cantons isolés ou agglomérés.

Art. 19. — Sont membres des comités d'arrondissement :

Le maire du chef-lieu, ou le plus ancien des maires du chef-lieu de la circonscription, le curé ou le plus ancien des curés de la circonscription.

Un ministre de chacun des autres cultes reconnus par la loi, qui exercera dans la circonscription et qui aura été désigné comme il est dit au second paragraphe de l'article 19.

Un proviseur, principal de collège, professeur régent, chef d'institution ou maître de pension désigné par le ministre de l'Instruction publique lorsqu'il existera des collèges, institutions ou pensions dans la circonscription du comité.

Un instituteur primaire, résidant dans la circonscription du comité et désigné par le ministre de l'Instruction publique, trois membres du conseil d'arrondissement ou habitants notables désignés par ledit conseil.

Les membres du conseil général du département qui auront leur domicile réel dans la circonscription du comité.

. . . .

ART. 20. — (Fonctionnement).

ART. 21. — Le comité communal a inspection sur les écoles publiques ou privées de la commune, il veille à la salubrité des écoles et au maintien de la discipline, sans préjudice des attributions du maire en matière de police municipale.

Il s'assure qu'il a été pourvu à l'enseignement gratuit des enfants pauvres.

Il arrête un état des enfants qui ne reçoivent l'instruction primaire ni à domicile, ni dans les écoles publiques ou privées.

Il fait connaître au comité d'arrondissement les divers besoins de la commune sous le rapport de l'instruction primaire.

En cas d'urgence et sur la plainte du comité communal, le maire peut ordonner provisoirement que l'instituteur sera suspendu de ses fonctions à la charge de rendre compte dans les vingt-quatre heures au comité d'arrondissement, de cette suspension et des motifs qui l'ont déterminée.

Le conseil municipal présente au comité d'arrondissement les candidats pour les écoles publiques après avoir pris l'avis du comité communal.

Art. 22. — Le comité d'arrondissement inspecte et au besoin fait inspecter par des délégués pris parmi ses membres ou hors de son sein toutes les écoles primaires de son ressort. Lorsque les délégués ont été choisis par lui hors de son sein, ils ont droit d'assister à ses séances avec voix délibérative.

Lorsqu'il le juge nécessaire, il réunit plusieurs écoles de la même commune sous la surveillance du même comité, ainsi qu'il a été prescrit à l'article 17.

Il envoie chaque année au préfet et au ministre de l'Instruction publique l'état de situation de toutes les écoles primaires du ressort. Il donne son avis sur les secours et les encouragements à accorder à l'instruction primaire. Il provoque les réformes et les améliorations nécessaires.

Il nomme les instituteurs communaux sur la présentation du conseil municipal, procède à leur installation et reçoit leur serment.

. . . .

Art. 23. — (Il surveille les instituteurs communaux).

Art. 24. — . . . .

Art. 25. — Il y aura dans chaque département une ou plusieurs commissions d'instruction primaire, chargées d'examiner tous les aspirants aux brevets de capacité, soit pour l'instruction primaire élémentaire, soit pour l'instruction primaire supérieure, et qui délivreront lesdits brevets sous l'autorité du ministre. Ces commissions seront également chargées de faire les examens d'entrée et de sortie des élèves de l'école normale primaire. Les membres de ces commissions seront nommés par le ministre de l'Instruction publique. Les examens auront lieu publiquement et à des époques déterminées par le ministre de l'Instruction publique.

Ainsi, la loi de 1833 est en amélioration considérable au point de vue de la liberté, si on la comparé aux lois de 1806, 1808, 1811, et aux décrets et ordonnances de vingt années précédentes.

Les pères de famille sont toujours consultés en ce qui concerne la participation de leurs enfants à l'instruction religieuse, l'instruction est au choix des parents, privée ou publique, le droit d'enseigner est absolu, sauf l'interdiction aux condamnés de droit commun, et aux individus qui auront été privés de tout ou partie des droits de famille.

Les instituteurs privés, sur la demande des comités d'arrondissement, peuvent être traduits devant le tribunal civil, réserve qui les rend justiciables au premier chef des pères de famille.

Chaque école est pourvue d'un comité local de surveillance et dans les communes dont la population est répartie entre différents cultes, des ministres de chacun de ces cultes, désignés par leurs consistoires respectifs, font partie de droit du comité communal de surveillance. Il donne enfin aux *Comités d'arrondissements* des pouvoirs étendus que jusque-là s'étaient réservés l'Université ou le gouvernement.

Projet de 1836

Le 1er février 1836, Guizot, ministre de l'Instruction publique, déposait à la Chambre le projet de loi sur l'instruction secondaire.

L'exposé des motifs disait que le principe de la liberté d'enseignement était une des conséquences de la charte. « Aux maximes du mono-

pole nous substituons celles de la concurrence ».
Le ministère Guizot tombait peu après le dépôt
de ce projet, mais quand il revint au pouvoir,
le rapport de la commission était déposé, modifiant le projet primitif et mettant les petits séminaires au rang des écoles libres. La discussion
commença le 14 mars 1837, la Chambre vota
un amendement demandant à tout chef d'établissement le serment qu'il n'appartenait pas à une
congrégation non autorisée, le projet de la commission fut voté le 29 mars 1837, mais le ministère
ayant été dissous, il ne fut jamais porté à la
Chambre des Pairs.

Guizot n'en eut aucun regret. Voici les articles essentiels de son projet qui fut en partie
repris par la loi votée à la Chambre le 29 mars
1837.

PROJET GUIZOT, 1836

déposé le 1er février, voté à la Chambre le 29 mars 1837

ARTICLE PREMIER. — Tout Français âgé de vingt-cinq
ans au moins et n'ayant encouru aucune des incapacités comprises dans l'article 5 de la loi du 28 juin 1833
sur l'instruction primaire pourra former et diriger un
établissement d'instruction secondaire sous la condition
de déposer dans les mains du recteur de l'Académie qui
lui en remettra récépissé les pièces suivantes :

1° Un livret de capacité délivré dans la forme déterminée ci-après;

2° Un certificat constatant qu'il est digne, par ses
mœurs et sa conduite de diriger une maison d'éducation, ledit certificat délivré sur l'attestation de trois con-

seillers municipaux, par le maire de la commune ou de chacune des communes où il aura résidé depuis trois ans;

3º Le règlement intérieur et le programme de l'établissement projeté;

4º Le plan du local choisi pour l'institution et la pension, lequel plan devra être visé par le maire de la commune où l'établissement sera formé.

ART. 2. — En cas de refus de visa de la part du maire, pour défaut de convenance ou de salubrité du local ledit refus devra être notifié à la partie intéressée quinze jours au plus après la présentation du plan, et sauf tout recours de droit, par la voie administrative et contentieuse.

ART. 3. — Un mois au plus après le dépôt des pièces requises en l'article 1er la remise devra en être faite au déclarant avec un certificat signé du recteur portant qu'elles ont été visées et enregistrées à l'Académie et l'établissement pourra immédiatement être ouvert à moins qu'il ne soit intervenu durant ce délai une opposition formée par le ministère public devant le tribunal civil de l'arrondissement pour une des incapacités prévues par l'article 1er de la présente loi et par l'article 5 de la loi du 28 juin 1833 sur l'instruction primaire.

ART. 4. — Nul établissement ne pourra prendre le titre d'institution si les élèves n'y reçoivent l'instruction secondaire complète et analogue à celle qui est donnée dans les collèges de plein exercice royaux et communaux, quel que soit d'ailleurs le mode d'enseignement et l'objet des cours accessoires.

ART. 5. — Il sera formé au chef-lieu de chaque Académie une commission chargée d'examiner les aspirants aux brevets de capacité pour le titre, soit de chef d'institution, soit de maître de pension; cette commission sera composée : 1º du recteur de l'Académie, président; 2º du procureur général près la cour royale s'il existe une cour royale dans le chef-lieu de l'Académie, ou à son défaut du procureur du roi près le tribunal de l'arrondissement ; 3º du maire de la commune ; 4º de quatre membres choisis par le ministre de l'Instruction publique parmi les fonctionnaires supérieurs de l'enseignement, les professeurs ou agrégés, les magistrats et les citoyens notables.

ART. 6.— Pour être admis à l'examen devant ladite commission, il faudra, indépendamment des justifications d'âge et de qualité prescrites par l'article 1, produire les diplômes de licencié ès lettres et de bachelier ès sciences ou le diplôme de licencié ès sciences si l'aspirant veut obtenir le brevet de capacité pour le titre de chef d'institution ou seulement le diplôme de bachelier ès lettres si l'aspirant ne prétend qu'au brevet de capacité pour le titre de maître de pension. La commission délivrera lesdits brevets sous l'autorité du ministre, en la forme de déclaration de capacité sans désignation de lieu, ni d'établissement spécial.

ART. 7.— Quiconque, sans avoir satisfait aux conditions prescrites par les articles 1 et 3 de la présente loi aurait ouvert une institution ou une pension, sera poursuivi devant le tribunal correctionnel du lieu du délit et condamné à une amende de 100 à 1.000 francs. L'établissement sera fermé. En cas de récidive le délinquant sera condamné à un emprisonnement de quinze à trente jours et à une amende de 1.000 à 3.000 francs.

ART. 8.— Tout chef d'institution ou tout chef de pension sur la poursuite d'office du ministère public ou sur la plainte du recteur de l'Académie pourra être traduit pour cause d'inconduite ou d'immortalité devant le tribunal civil de l'arrondissement, et être interdit de sa profession à temps ou à toujours. La procédure, le jugement et la preuve auront lieu dans les formes déterminées par l'article 7 de la loi du 28 juin 1833 sur l'instruction primaire, sans préjudice des poursuites qui pourraient être intentées pour crimes, délits ou contraventions punis par les lois.

ART. 9.— Les chefs d'institution et maîtres de pension établis conformément à la présente loi seront libres d'envoyer ou de ne pas envoyer leurs élèves aux classes des collèges royaux et communaux.

ART. 10.— Le ministre de l'Instruction publique pourra toutes les fois qu'il le jugera convenable, faire visiter les institutions et les pensions.

Art. 11.— Tout chef d'institution ou maître de pension qui refuserait de se soumettre à cette surveillance pourra être… condamné à une amende de 100 à 1.000 fr. En cas de récidive, l'établissement sera fermé.

Art. 12.— En cas de négligence grave dans les études et de désordres constatés dans le régime de l'établissement, le chef dudit établissement pourra, sur le rapport des inspecteurs d'Académie, être appelé à comparaître devant le conseil académique et réprimandé s'il y a lieu sauf recours devant le conseil royal de l'instruction publique.

Loi votée a la Chambre le 29 mars 1837

Le projet adopté par la Chambre des députés est semblable au projet Guizot, sauf ce qui suit :

A l'*article* 3 il est ajouté :

« Après cette remise et après que le déclarant aura prêté entre les mains du recteur de l'Académie serment de fidélité au roi, d'obéissance à la charte et aux lois, et de n'appartenir à aucune association ou congrégation non autorisée », l'établissement pourra être immédiatement ouvert…

Et à la fin « si l'ouverture de l'établissement n'a pas lieu dans l'année de la remise des pièces, elle ne pourra pas s'opérer sans que les formalités prescrites par les articles 1, 2 et 3 aient été renouvelées. »

L'*article* 4 du projet Guizot est supprimé.

L'*article* 5 du projet Guizot devient l'article 4 de la loi.

Articles 5 et 7 de la loi : règlent la forme des examens et les conditions requises pour se présenter.

Article 8 de la loi : « Le brevet de capacité cessera d'avoir son effet s'il n'en est fait usage dans les dix ans.

Article 9 : « Aucun étranger ne pourra former ni diriger un établissement d'instruction secondaire s'il n'a été préalablement autorisé à établir son domicile en France et s'il n'obtient une autorisation spéciale du ministre de l'Instruction publique.

« Cette autorisation sera révocable. »

Article 10 : reproduit l'article 7 de Guizot, à peu près.

Article 11 : « Quiconque voudra enseigner dans les établissements privés, soit la philosophie, soit les sciences physiques et mathématiques, soit les langues anciennes, soit l'histoire et la géographie, devra produire un brevet de capacité » (délivré après examen).

Article 12 : reproduit à peu près l'article 8 de Guizot, ajoutant après les chefs de pension « toute personne attachée à l'enseignement ou à la surveillance d'une maison d'éducation ».

Article 13 : reproduit à peu près l'article 9 de Guizot.

Article 14 : « Les incapacités résultant de l'article 5 de la loi du 28 juin 1833 seront applicables à toutes personnes attachées à l'enseignement ou à la surveillance d'un établissement privé d'instruction secondaire.

« Les chefs d'établissement ne pourront recevoir aucun professeur ou maître d'étude sans envoyer immédiatement au recteur, ses noms, prénoms, le titre et le numéro du brevet qu'il aura obtenu, l'indication de sa demeure précédente, d'un certificat de moralité, délivré par le maire de la commune. »

Les *articles* 15, 16, 17 reproduisent à peu près les articles 10, 11, 12 du projet Guizot.

Le 2 juillet 1839 une tentative fut faite pour enlever à l'Etat une partie des prérogatives qu'il s'était réservé. M. Carl proposa l'abrogation des articles 15, 16, 22, du décret du 15 novembre 1811, portant que les maîtres de pension devaient conduire leurs élèves aux collèges et lycées.

Le *Journal général de l'Instruction publique,* n° *du 3 juillet 1839,* écrit à ce sujet :

« Son influence [de l'Etat] doit au contraire se montrer d'autant plus attentive et plus sévère que la liberté est plus complète... (Le gouvernement) n'est pas le pouvoir ministériel ou le pouvoir royal, c'est l'ensemble des pouvoirs publics sous l'influence de l'élection et de la liberté...

« Le monopole de l'enseignement ne saurait être maintenu... l'éducation publique peut être en partie abandonnée à la concurrence du zèle et de l'intérêt privé, mais elle doit toujours rester nationale et forte... »

L'enseignement reste ainsi à moitié libre, à moitié prisonnier, se débat entre le pouvoir royal, les lois et le clergé, lui aussi, à chaque instant, comprimé. repoussé, ou enchaîné par des règlements impératifs.

ÉCOLES ATHÉES ET ÉCOLES MIXTES

La bataille continue.

En 1840, au sujet des écoles athées, le *Journal de l'Instruction publique* du 30 mai publie la note suivante : Le conseil royal de l'Instruction publique déclare, à propos de l'article 2 de la loi du 28 juin 1833 (instruction religieuse)

qu'un enfant ne peut être tenu, contrairement au gré de ses parents, de recevoir une instruction religieuse autre que celle du culte qu'il professe, et ne signifie nullement que les parents peuvent dispenser leurs enfants de toute instruction religieuse ».

Le conseil royal avait décidé (20 juin 1837) que « pour les brevets de capacité il ne pouvait être passé outre à l'examen d'un candidat qui déclarerait n'appartenir à aucun culte. »

Toute cette époque est marquée « officiellement » par un vif respect des pouvoirs publics — pour l'enseignement religieux — sans distinction entre le catholicisme et les autres cultes. Il est même remarquable que le fait pour un citoyen de n'appartenir « à aucun culte » le marquait d'une certaine déchéance.

« Quant au Gouvernement, dit le R. P. Lecanuet, il se montrait fort ennuyé de toute cette agitation pour la liberté d'enseignement. Placés, d'une part, entre les catholiques et les évêques, de l'autre, entre l'université et les libéraux voltairiens, les ministres ne savaient où donner de la tête.

. . . .

Dans cette question qui préoccupait les plus nobles esprits, dit le même auteur, le roi ne voyait qu'une « querelle de cuistres et de bedeaux ». Tantôt il s'exprimait en termes fort vifs contre ces brouillons qui troublaient sa tranquillité, tantôt il s'en moquait. A l'archevêque de Paris, qui essayait de l'intéresser à cette affaire, il demandait d'un air railleur : — « Voyons, Monsieur l'Archevêque, combien faut-il de cierges pour un mariage ? Je soutiens que six cierges suffisent, ma femme prétend qu'on en doit mettre douze. » Ou bien encore : « Quelle différence y a-t-il entre *Dominus vobiscum* et *Pax tecum* » ? Et comme Mgr Affre insistait : — « Je n'en veux point de votre liberté d'enseignement, s'écriait le roi feignant l'irritation. Je n'aime pas vos collèges ecclésiastiques, on y apprend trop aux enfants le verset du *Magnificat : Deposuit Potentes de sede* (1) ! »

1. *Montalembert. La liberté d'enseignement*, t. II, par le R.P. Lecanuet, . 177. Librairie Poussielgue.

Autre constatation caractéristique, découlant certainement du respect des autorités pour les convictions religieuses, les écoles publiques sont beaucoup plus fréquentées que les écoles privées et on voit de nombreux instituteurs privés se faire instituteurs publics pour bénéficier des faveurs et de l'émulation donnée aux écoles par le pouvoir royal.

En novembre 1841 il est fait un rapport au roi sur l'instruction primaire.

Le rapport donne des renseignements statistiques sur le nombre des écoles, la fréquentation scolaire, etc. Il constate que le vœu des pères de famille a toujours été consulté et suivi en ce qui concerne la participation de leurs enfants à l'instruction religieuse.

« Cette disposition n'a donné lieu à aucune difficulté sérieuse. Les écoles mixtes, c'est-à-dire celles où sont admis des élèves de cultes différents, se sont généralement maintenues. Toutefois, lorsque la division a été réclamée sur des motifs graves et avec les moyens de la réaliser, il n'a été fait aucun obstacle à la création d'une école spéciale en faveur de la minorité des habitants de la commune professant un culte reconnu par la loi. »

(De 1837 à 1840 le nombre des écoles mixtes fut réduit de 2.332 à 2.059 pendant que celui des écoles catholiques passait de 26.370 à 28.018, les protestantes de 563 à 677, les israélites de 28 à 31.)

« Dans les écoles privées, sur 18.557 écoles recevant soit des garçons, soit des filles, on en compte seulement 9.435 dans lesquelles le mobilier est suffisant et, dans ce compte, les écoles spéciales de garçons n'entrent que pour 3768. Les écoles de filles, confiées en grande partie à des congrégations religieuses, sont pourvues sous ce rapport avec plus d'abondance et de soin, tout ce qui sert à l'ordre et à la tenue des classes y est convenablement assuré. »

(Le rapport constate que la situation des écoles publiques s'améliore, résultat des inspections, de la bonne discipline et de la saine instruction qu'on y reçoit.)

Malgré les sarcasmes du roi et les tergiversations du gouvernement, la liberté d'enseignement faisait cependant son chemin. Le rapport dit bien que « les écoles privées ne sont pas relativement aussi avancées dans cette voie d'amélioration... Partout où il y a eu de la place, les bons instituteurs privés sont devenus instituteurs publics ; ceux des instituteurs publics qui sont éloignés des écoles communales redeviennent trop souvent instituteurs privés. On ne peut cependant méconnaître les services rendus par les instituteurs privés. » Beaucoup font preuve de dévouement mais on voit trop fréquemment cependant des écoles s'ouvrir et se fermer rapidement et des essais tentés sans zèle ni persévérance.

Le choix des livres ne saurait être laissé à l'instituteur. Il a dans ce but été dressé une liste de livres dont l'usage est autorisé dans les écoles. Elle se compose de 551 ouvrages, parmi lesquels l'instituteur choisit, sous la direction du comité, ceux qu'il destine à son école. *Les écoles privées, quoique libres à cet égard, ont généralement senti la nécessité de s'en rapporter aux recommandations de l'autorité universitaire.*

« Jusqu'à l'ordonnance du 18 avril 1831, les frères obtenaient l'autorisation de se livrer à l'enseignement sur le vu de la lettre d'obédience à eux délivrée par leurs supérieurs. Ils sont obligés aujourd'hui de soutenir, comme tous les autres aspirants, des examens... S'ils veulent diriger une école privée, ils doivent comme tous les autres instituteurs faire leur déclaration au maire, etc. L'abandon du privilège dont ces associations jouissaient avant 1830 leur a été généralement utile. Elles ont jugé qu'elles avaient de grands efforts à faire pour soutenir avec succès la concurrence des autres écoles. Beaucoup de leurs membres se sont mis en état de suivre de bonnes méthodes d'enseignement. »

« Nous ne redoutons pas... des rivalités dont parfois on s'est plaint. Dans les villes importantes, il en résulte une émulation utile et c'est presque toujours à côté des écoles de frères que se trouvent les écoles de laïcs les mieux tenues

et les instituteurs les plus zélés et les plus irré-
prochables. » (Merveilleux fruit de la concurrence.)

. . . .

« La protection immédiate des écoles et des
instituteurs est confiée aux comités locaux qui
devraient éclairer les conseils municipaux sur
des intérêts et des besoins si dignes de leur sollicitude, mais ces comités, je suis obligé de le dire,
sont loin de remplir leur mission avec zèle » (ils
se réunissent rarement... C'est un motif pour
multiplier les inspections).

. . . .

Ce rapport est signé : Villemain. Nous l'avons
extrait du *Journal général de l'Instruction publique* (1).

Retour vers la liberté d'enseignement

Sur la poussée de l'opinion publique et aussi
pour satisfaire aux promesses de la Monarchie,
M. Villemain, ministre de l'Instruction publique, présente, le 10 mars 1841, à la Chambre
des députés, un projet de loi sur l'instruction secondaire avec l'intention mal dissimulée d'entra-
ver la liberté de l'enseignement. Le projet de loi
sur la liberté d'enseignement, plusieurs fois pro-
mis, vient tard, dit-il dans son exposé des
motifs : « Ce retard n'est pas un tort, nous le

1. Supplément au n° du 13 novembre 1841.

croyons. La liberté d'enseignement, quelque juste importance qu'on y attache, n'est pas comme d'autres libertés publiques un ressort nécessaire au mouvement de l'Etat... elle ne lui est pas essentielle.

«Avant d'appliquer la libre concurrence à tous les degrés de l'enseignement, la société avait besoin de se reconnaître et de s'affermir dans les voies nouvelles où elle était entrée. A la suite d'un grand changement politique, et dans l'agitation de toutes les espérances et de tous les systèmes, il était bon que les écoles de l'Etat gardassent encore le privilège qui leur avait été confié... »

C'est ce qui eut lieu et le régime du monopole, dit le ministre, a rendu de grands services, mais il est temps d'appliquer le système de la libre concurrence à l'enseignement secondaire comme à l'enseignement primaire.

Mais l'enseignement primaire libre offre peu de chances à la spéculation et à l'esprit de parti, les secours du pouvoir central y seront toujours plus efficaces que l'industrie privée. Le degré supérieur d'instruction a besoin d'être plus complet et plus ordonné.

« Pour atteindre ce but, la libre concurrence ne suffit pas et tout projet qui la favorise doit tendre en même temps à fortifier les écoles de l'Etat. »

M. Villemain fait le plus vil éloge de l'enseignement classique.

« Personne aujourd'hui, Messieurs, ne méconnaît que l'enseignement classique, l'enseignement des langues anciennes, des lettres et des sciences ne soit une forme essentielle de l'éducation nationale. Deux choses seulement sont demandées : 1° que les écoles particulières puissent donner cet enseignement à tous les degrés sans fréquentation obligatoire des établissements de l'Etat ; 2° que cet enseignement puisse se modifier pour préparer aux fonctions industrielles et commerciales.

La loi ne s'occupe que du premier point.

« L'Etat doit exiger des garanties dans l'intérêt des familles. La profession d'instituteur, en effet, la prétention de recevoir en dépôt et d'élever une portion de la jeunesse d'un pays n'est pas une industrie ordinaire que chacun puisse exploiter, dont tout le monde soit juge, et avec laquelle on n'ait point de précautions à prendre. Il n'en est pas où la tutelle de l'Etat soit plus nécessaire pour assurer la fidélité du contrat, et pour prévenir l'erreur ou la fraude.

« Telles sont les conditions nécessaires pour offrir le meilleur mode d'enseignement, qu'on ne les remplira pas si on ne se propose qu'une spéculation intéressée ; c'est là que l'entreprise doit être faite souvent à perte ou du moins sans recherche et sans souci du gain. C'est ce qui explique la supériorité que d'anciennes fondations, d'anciens ordres religieux avaient portée

dans l'enseignement public, et c'est le caractère
que conservent aujourd'hui les grandes écoles
dotées et soutenues par l'Etat. Ecartez cette
condition, placez la spéculation privée en présence du besoin des familles, vous sentez aussitôt la nécessité d'intervenir et de stipuler, au
nom de la loi, des garanties réelles et personnelles. »

L'exposé des motifs commente ensuite et ex-
pose les différents articles du projet de loi.

Celui qui voulait ouvrir une école devait avoir
vingt-six ans, présenter un certificat de bonnes
vie et mœurs, un diplôme accordé après examen
public, le plan du local et le règlement de l'é-
tablissement (art. 4) ; les professeurs et surveillants devaient présenter les mêmes certificats et
le diplôme de bachelier (art. 10) ; le ministre a
le droit d'inspection sur les établissements secondaires (art. 11) auquel on ne peut s'opposer
sans s'exposer à l'amende (art. 14).

Les dispositions de la loi nouvelle s'appliquaient aux écoles secondaires ecclésiastiques,
inspection, dépôt du règlement, plan du local
(art. 18 et 19). Ces écoles, dit l'exposé des
motifs, dispensées depuis la Restauration d'envoyer leurs élèves dans les lycées, s'étaient beaucoup développées. Beaucoup de parents y met-
tent leurs enfants sans prévoyance de vocation
religieuse et on ne peut, dit le ministre, leur accorder à la fois le privilège et la liberté, leur

permettant de vivre sans exiger les grades imposés aux professeurs d'institutions libres.

Les articles 22 à 3o concernent les établissements publics ; l'article 28 stipule qu'il y a près de tout collège communal un comité chargé d'en surveiller l'administration.

« Sur ces établissements ainsi réglés (dit l'exposé des motifs), l'autorité locale doit conserver une double influence, à titre municipal et à titre paternel. Dès à présent, nous devons le dire, les devoirs que cette influence impose sont souvent remplis avec un zèle très éclairé par les magistrats électifs des villes.

« Dans beaucoup de lieux, le maire et les membres du conseil municipal portent le plus vif intérêt au collège de la commune et s'en font un objet de préoccupation et de légitime amour-propre.

« Ce sentiment respectable doit être secondé par la loi ; une disposition spéciale du projet établit près de chaque collège un comité gratuit chargé d'en surveiller l'administration et composé sous la présidence du maire d'un certain nombre de conseillers municipaux et de notables... »

Cette analyse est faite d'après le *Journal général de l'Instruction publique* du 12 mars 1841, et le *Moniteur*, séance du 10 mars 1841.

*
* *

Le projet eut une mauvaise presse ; les évêques protestèrent, mais presque uniquement à propos des petits séminaires. Ils ne voulaient pas que l'Université y pénétrât. En 1837, Guizot avait dit à ce propos :

« Il est, je crois, très désirable que la société civile et la société religieuse, restant chacune à sa place et gardant chacune sa liberté, se rapprochent cependant, s'unissent et contractent ensemble ces conventions qui ont présidé dans l'Europe moderne aux rapports de l'Etat et de l'Eglise. Lorsqu'il s'agit d'établissements qui sont d'un intérêt à la fois public et religieux, il faut reconnaître qu'ils doivent être soumis aux deux puissances et que c'est aux deux puissances à régler d'un commun accord la part que chacune d'elles doit exercer dans ce petit gouvernement (1). »

Le *Temps* (22 mai 1841) demandait au gouvernement à propos de cette question, de « déclarer par une loi l'incompatibilité des fonctions de prêtre avec celles de professeur ou de directeur d'un établissement d'instruction. On trouverait mauvais qu'un juge, qu'un employé des finances, qu'un officier fussent en même temps professeurs ou répétiteurs dans des collèges ou même dans des maisons particulières, par quelle faveur spéciale l'ecclésiastique est-il seul dispensé de cette règle générale ? »

1. Grimaud. *Histoire de la liberté de l'enseignement*, p. 275.

Biétry 5.

Ainsi, bien avant la loi de séparation de l'Eglise et de l'Etat on affectait dans certain milieu de ne voir dans le clergé que des fonctionnaires assimilables aux magistrats, aux officiers, etc., etc.

Le projet fut retiré sous ces sommations venues de points si différents et inspirées par des motifs bien dissemblables, et ce fut l'occasion pour Montalembert de prononcer à la Chambre des pairs, le 1ᵉʳ mars 1842, un discours où il enfermait les partisans du monopole de l'enseignement dans le raisonnement suivant :

« Voici le dilemme que les partisans de la liberté d'enseignement posent à l'Université.

« Par le décret du 17 mars 1808 il est dit : (art 38) Toutes les écoles de l'Université impériale prendront pour base de leur enseignement : 1° les principes de la religion catholique, etc.

. . . .

«Nous avons le droit de partir de cette loi pour poser à l'Université cette alternative : Obéissez à l'article 38 de votre décret constitutif, prenez la religion catholique pour base première et suprême de votre enseignement, ou bien, si vous ne le pouvez pas, si vous ne le croyez pas possible, alors donnez-nous la liberté promise par la charte, la liberté qui nous permettra à nous, catholiques, en dehors de l'Université, de prendre pour base cette religion que l'empereur voulait nous imposer. »

Les dispositions de la loi nouvelle qui s'appliquaient à l'enseignement secondaire ecclésiastique, c'est-à-dire aux petits séminaires, mirent le feu aux poudres ; non seulement les partisans de Montalembert, mais les évêques entrèrent en lice. Tout l'épiscopat se leva pour protester. Mgr Clausel de Montals, évêque de Chartres, « sonna le premier la charge ». Mgr de Bonald l'imita réclamant « la liberté comme en Belgique », écrit le R. P. Lecanuet, et l'évêque d'Amiens s'écriait : « L'Eglise ne demande ni privilège ni monopole, elle ne demande que le droit commun ; mais le droit commun dans la liberté et non le droit commun dans la servitude ».

Mgr Gousset et cinquante-deux autres prélats s'associèrent à ce mouvement.

*
* *

Dans la pratique cependant, la liberté faisait des progrès et les ordonnances royales sur l'inspection rigoureuse de l'enseignement privé non seulement restaient lettre morte, mais les instructions officielles renforçaient plutôt qu'elles n'atténuaient l'indépendance de l'enseignement.

Un *règlement* fut fait le *1er mars 1842* pour les écoles élémentaires privées.

Le ministre de l'Instruction publique, en l'adressant aux recteurs, leur écrit :

« Les comités communaux, les comités d'arrondissement et l'administration sont investis à l'égard des écoles privées de diverses attributions dont l'exercice ne saurait être trop recommandé. Le nombre des écoles élémentaires privées, égal au moins à la moitié de celui des écoles communales, indique assez la nécessité d'appliquer à ces établissements les règles essentielles à la tenue de toute école, en laissant d'ailleurs une entière liberté pour le choix des méthodes et la direction de l'enseignement. Ce que le règlement a dû seulement déterminer, ce sont certaines dispositions d'ordre, de bienséance, de discipline et de travail, qui ne peuvent être négligées sans dommage pour l'enfance. »(1)

L'enseignement secondaire, en fait, échappait davantage encore que les écoles élémentaires au monopole royal, et le 3 mars 1843, dans un rapport au roi sur l'instruction secondaire, on lit :

« Il y a 102 constitutions et 914 pensions, *dont 619 n'envoient pas leurs élèves au collège royal ou communal.* »

Ainsi, « les deux tiers au moins sont dispensés de cette fréquentation des collèges qu'on a souvent signalée comme uniformément obligatoire. Cela tient au trop petit nombre des collèges royaux créés jusqu'à ce jour, et cette insuffi-

1. *Journal général de l'Instruction publique*, 19 mars 1842.

sance sera facilement suppléée dans l'intérêt des études et par des créations nouvelles, et par des conditions scientifiques plus élevées, auxquelles s'attacherait pour les établissements particuliers la pleine jouissance de la liberté d'enseignement.

« C'est en poursuivant ce double résultat qu'on résoudra le problème proposé depuis douze ans, rendre l'enseignement libre, sans l'affaiblir et sans le soustraire à la légitime surveillance de l'Etat (1). »

1. *Journal général de l'instruction publique*, n° du 17 mars 1843, p. 121.

NOUVEL ASSAUT AU MONOPOLE

En 1843, les *Pétitions relatives à la liberté d'enseignement* se font plus nombreuses et plus pressantes. Les esprits les plus éclairés, les volontés les plus fermes donnent l'assaut au monopole.

Une discussion eut lieu le *27 mai 1843* à la Chambre des députés, au sujet de ces pétitions s'appuyant sur l'article 69 de la charte.

Odilon Barrot termine ainsi le débat :

« J'ai pensé que nous pouvions concilier tout à la fois la justice que nous devons à l'établissement universitaire et le respect que nous devons à un principe de la charte, la liberté de l'enseignement en France...

« L'utilité de l'Université de France sera d'autant plus grande que l'enseignement sera plus libre dans ce pays. »

Et M. Ladoucette, rapporteur, conclut :

« Messieurs, le principe de la liberté d'enseignement n'a été contesté par personne. »

Déjà, dans la séance des Pairs du 15 mai précédent des pétitions avaient été présentées demandant la liberté de l'enseignement. M. Mérilhou fit le *rapport* dans lequel il résumait en ces termes les revendications des partisans de la liberté :

« Le motif dominant invoqué par les pétitionnaires est tiré de ce que le principe exclusif de l'enseignement qu'ils supposent à l'Université serait contraire aux droits de la puissance paternelle, qui deviendrait illusoire si une autorité étrangère s'interposait entre le père et l'enfant. »

. . . .

« Que l'Etat doive rester indifférent à l'instruction, à l'éducation de la jeunesse, qu'il doive laisser à la liberté et à la cupidité des spéculations privées l'avenir des générations nouvelles, c'est ce qu'on ne saurait admettre (1). »

*
* *

En 1844 le Projet Villemain revient en discussion.

L'exposé des motifs fait une brève histoire de l'Instruction publique sous l'ancien régime et donne seulement le commentaire de la loi. Une commission fut chargée de l'examiner et le duc *de Broglie* fit le Rapport.

« L'Etat donne et doit donner l'enseignement. L'Etat offre, et doit offrir aux populations, de

1. *Journal général de l'instruction publique*, n° du 17 mai 1843.

degré en degré, une instruction appropriée à leurs besoins, mais l'Etat n'exerce pas seul le droit d'enseigner, les personnes privées, les simples citoyens ont qualité pour l'exercer comme lui ; ce que fait l'Etat, tout Français peut le faire, s'il s'en montre digne par les mœurs et par la science. Tel est désormais sur ce point notre droit public. »

. . . .

« L'Etat ne doit ni tout attirer à lui, ni tout entreprendre, le droit d'enseigner n'est point entre ses mains l'un de ces droits éminents, l'un de ses attributs du pouvoir suprême qui ne souffrent aucun partage. Tout au contraire, en matière d'enseignement si l'Etat intervient, ce n'est pas à titre de souverain, c'est à titre de protecteur et de guide : il n'intervient qu'à défaut des familles, hors d'état pour la plupart de donner aux enfants, dans leur propre sein, une éducation purement domestique ; il n'intervient que pour suppléer à l'insuffisance des établissements particuliers, pour les remplacer, pour les susciter là où ils manquent, pour y tenir élevé le niveau des études, pour leur prêter secours au besoin et leur servir de point d'appui.

« Il est bon que les établissements particuliers se fondent et se multiplient ; leur existence, leur nombre, leurs efforts importent au progrès de l'instruction générale ; l'émulation qui s'élève entre eux et les établissements publics, lorsqu'elle est vive et vraie, tourne à l'avantage de la science ; opérant isolément, chacun à leurs périls et fortunes, les chefs de ces établissements peuvent faire ce que ne peut faire l'Etat. Ils peuvent se régler plus ou moins sur les intérêts, sur les inclinations des populations qui les entourent, se proportionner aux besoins spéciaux des localités, inventer des méthodes, risquer des essais dont l'Etat lui-même est appelé à faire son profit lorsque l'expérience en a consacré les résultats. »

« Il faut donc des établissements particuliers et dans un pays libre, il faut que ces établissements soient libres. Plus de tutelle obligée, puis d'autorisation discrétionnaire et révocable. »

Les établissements libres, si leurs élèves sont tenus de fréquenter les collèges, sont condamnés à végéter ou à périr. La liberté seule peut donner et rendre la vie aux établissements de ce genre.

Il ne peut être question d'une liberté complète, votre commission pense que des garanties sont indispensables et que tout établissement doit être soumis à la surveillances des autorités, en l'espèce, de l'Université, mais non pas seule, mais assistée de personnes étrangères qui soient une garantie d'impartialité.

En 1844, M. Villemain déposa un projet sur l'enseignement secondaire afin d'en éloigner les congréganistes et pour relever par des disposi-

tions rigoureuses le niveau des études des maîtres et professeurs chargés d'enseigner.

PROJET DE LOI
PRÉSENTÉ PAR M. VILLEMAIN A LA
CHAMBRE DES PAIRS, LE 2 FÉVRIER 1844

TITRE PREMIER

De l'Enseignement secondaire

ARTICLE PREMIER. — L'enseignement secondaire comprend l'instruction morale et religieuse, l'étude des langues anciennes et modernes, de philosophie, d'histoire
et de géographie, des sciences mathématiques et physiques qui servent de préparation soit aux examens du
baccalauréat ès lettres et du baccalauréat ès sciences,
soit aux examens d'admission dans les écoles spéciales.

ART. 2. — Les établissements d'instruction secondaire
sont particuliers ou publics.

TITRE II

Des Etablissements particuliers d'instruction
secondaire

ART. 3. — Tout Français âgé de vingt-cinq ans au moins
et n'ayant encouru aucune des incapacités comprises
dans l'article 5 de la loi du 28 juin 1833 sur l'instruction
primaire pourra former un établissement particulier
d'instruction secondaire, soit une institution, soit une
pension ou ouvrir des cours particuliers sur une ou
plusieurs parties d'instruction secondaire sous la condition préalable de déposer dans les mains du recteur de
l'Académie où il se propose de s'établir, les pièces suivantes dont le recteur lui remettra récépissé :

1° Un certificat du maire .... constatant que l'impétrant est digne par ses mœurs et sa conduite de diriger un établissement d'instruction secondaire (en cas de refus du maire, on peut s'adresser aux tribunaux).. ,

2° Les diplômes de grade et de brevet de capacité qui seront ci-après déterminés, ainsi que l'affirmation par écrit et signée du déclarant de n'appartenir à aucune association ni congrégation religieuse non légalement établie en France ;

3° Le règlement intérieur et le programme d'études de l'établissement projeté, lequel dépôt devra être renouvelé tous les ans ;

4° Le plan du local choisi pour ledit établissement, lequel plan, soumis à l'approbation du maire de la commune où l'établissement serait situé, aura dû être approuvé par lui s'il y a lieu dans le délai de quinze jours à partir de la présentation qui en sera faite, sans que la dite approbation puisse être refusée pour autre cause que pour défaut de convenance et de salubrité du local, et sauf tout recours de droit par voie administrative et contentieuse.

Art. 4. — Deux mois au plus après le dépôt des pièces requises en l'article 3, la remise devra en être faite au déclarant avec un extrait en forme de procès-verbal, signé par le recteur, de l'enregistrement des dites pièces au secrétariat de l'académie.

Après cette remise, et sauf le cas où il serait intervenu dans le délai précité une opposition du ministère de l'Instruction publique, le déclarant pourra ouvrir immédiatement l'établissement projeté.

Art. 5. — Il sera formé au chef-lieu de chaque académie un jury chargé d'examiner les aspirants au brevet de capacité pour la direction d'établissement d'instruction secondaire.

(Composition du jury : le recteur de l'académie, le procureur général, le maire de la ville, un ecclésiastique choisi par l'évêque, un ministre de chacun des autres cultes reconnus, le chef d'une institution secondaire, quatre membres choisis par le ministre.)

Art. 6. — Pour être admis à se présenter devant le jury à l'effet d'être reconnu apte à diriger un établissement secondaire, tout candidat devra :

1° Etre Français et âgé de vingt et un ans au moins ;

2° Produire un certificat du maire de la commune ou de chacune des communes où il aura résidé depuis trois ans, le dit certificat constatant que l'impétrant est digne, par ses mœurs et sa conduite, de se livrer à l'enseignement ;

3° Produire soit le diplôme de bachelier ès lettres s'il prétend au titre de maître de pension, soit les deux diplômes de bachelier ès lettres et de bachelier ès sciences s'il prétend au titre de chef d'institution.

Art. 7. — (Examens)...

Art. 8. — Dans tout établissement particulier d'instruction secondaire, nul ne pourra être préposé à la surveillance des élèves s'il n'est à l'abri des incapacités relatées par l'article 3 de la présente loi et s'il ne produit : 1° un certificat de moralité délivré dans la forme prescrite en l'article 6 ; 2° un diplôme de bachelier ès lettres.

. . . .

Art. 9. — Dans les villes qui possèdent un collège royal ou communal, sera libre de n'envoyer aucun élève au cours dudit collège tout chef d'institution ou maître de pension qui, indépendamment de l'obligation prescrite par l'article 8 relativement aux maîtres préposés à la surveillance, aura dans son établissement, pour professer les diverses parties de l'enseignement secondaire des maîtres munis du certificat mentionné par l'article 6 et pourvus au moins du grade de bachelier ès lettres.

Dans les villes où il n'existe pas de collège royal ou communal, les chefs d'institution ou maîtres de pension établis à l'époque de la promulgation de la présente loi auront à partir de cette époque un délai de trois ans pour satisfaire à l'obligation de n'employer à l'enseignement des diverses classes de leurs établissements que des maîtres pourvus au moins du grade précité.

Ne seront reconnus dans tous les cas comme ayant ce

plein exercice et comme donnant l'enseignement secondaire complet que les chefs d'institution qui auront dans leurs établissements pour professer les classes de rhétorique, philosophie et mathématiques, deux maîtres au moins pourvus du diplôme de licencié ès lettres et un maître pourvu du diplôme de bachelier ès sciences.

Art. 10. — Sont admissibles aux épreuves du baccalauréat ès lettres tous les élèves qui justifieront par certificats réguliers avoir fait les deux années d'études précitées, soit dans leur famille, soit dans les collèges royaux ou communaux de l'ordre, soit dans les institutions de plein exercice.

Art. 11. — Le ministre de l'Instruction publique pourra, toutes les fois qu'il le jugera convenable, faire visiter et inspecter tout établissement particulier d'instruction secondaire.

Art. 12. — Quiconque, sans avoir satisfait à toutes les conditions prescrites par les articles 3 et 4 de la présente loi, ou après avoir été interdit dans les cas prévus par les articles 13 et 15 de la même loi, aura ouvert un établissement particulier d'instruction secondaire, sera poursuivi et condamné à une amende de 100 à 1.000 fr. L'établissement sera fermé.

En cas de récidive, le délinquant sera passible d'une amende de 1.000 à 3.000 francs et d'un emprisonnement de quinze à trente jours.

Art. 13. — Tout chef d'établissement particulier d'instruction secondaire qui refuserait de se soumettre à l'inspection autorisée par l'article 2 de la présente loi pourra, sur procès-verbal dressé par l'inspecteur être condamné à l'amende de 100 à 1.000 francs. En cas de récidive, l'amende sera de 500 à 2.000 francs et l'établissement pourra être fermé.

Une amende de 100 à 200 francs devra être appliquée par le même tribunal, à tout chef d'établissement particulier d'instruction secondaire qui aurait employé dans ce même établissement des maîtres non pourvus du certificat de moralité et du diplôme de grades prescrits par les articles 8 et 9 de la présente loi. En cas de récidive, le maximum de l'amende pourra être doublé.

ART. 14. — En cas de négligence permanente dans les études et de désordre grave dans le régime et la discipline de l'établissement particulier d'instruction secondaire, le chef dudit établissement pourra, sur le rapport des inspecteurs, être appelé à comparaître devant le conseil académique de la circonscription et condamné, s'il y a lieu à la réprimande, sauf recours devant le conseil royal de l'instruction publique, lequel recours devra être exercé dans le délai d'un mois à partir de la notification de la décision du conseil académique.

En cas de récidive constatée par une nouvelle information devant le conseil académique, le conseil royal de l'instruction publique devra connaître des faits dans le délai d'un mois, et pourra, par jugement disciplinaire ordonner que le chef dudit établissement demeure suspendu de l'exercice de sa profession pour un intervalle de un an à cinq ans, sauf le recours devant le Conseil d'Etat, prévu par l'article 149 du décret du 15 novembre 1811.

Ledit jugement disciplinaire sera exécuté à la diligence du procureur général du ressort où est situé l'établissement.

ART. 15. — Tout chef d'institution ou maître de pension, tout maître employé, soit à l'enseignement, soit à la surveillance dans un établissement particulier d'instruction secondaire pourra, sur la poursuite d'office du ministère public ou sur la plainte du recteur d'Académie, être traduit pour cause d'inconduite ou d'immoralité devant le tribunal civil de l'arrondissement et être interdit de sa profession à temps ou à toujours.

Le jugement et la procédure sur appel si le cas y échet auront lieu dans les formes prescrites par l'article 7 de la loi du 28 juin 1833 sur l'instruction primaire, le tout sans préjudice des poursuites qui pourraient être encourues pour crimes, délits ou contraventions prévues par les lois.

ART. 16. — Seront considérés comme ayant satisfait à l'article 3 les chefs d'institution et maîtres de pension qui, à l'époque de la promulgation de la présente loi dirigeraient des établissements en vertu de diplômes précédemment conférés par le grand maître de l'université.

Les droits résultant pour eux des diplômes précités ne pourront leur être retirés que dans les cas prévus et selon les formes prescrites par les articles 13 et 15 de la présente loi.

ART. 17. — Les écoles secondaires ecclésiastiques établies conformément à l'ordonnance du 16 juin 1828 où les maîtres chargés des classes de rhétorique, philosophie ou mathématiques seraient pourvus des grades mentionnés au paragraphe 3 de l'article 9 de la présente loi, pourront user du même droit que les institutions de plein exercice en ce qui concerne dans les limites du nombre d'élèves qui leur est attribué, l'admissibilité desdits élèves aux épreuves pour l'obtention du diplôme ordinaire de bachelier ès lettres.

Dans celles desdites écoles secondaires ecclésiastiques où ne serait pas remplie la condition des grades précitée, les élèves qui, cessant de se destiner au sacerdoce, voudraient obtenir le diplôme ordinaire de bachelier ès lettres pourront se présenter à cet effet aux épreuves dans une proportion qui n'excède pas la moitié des élèves sortants chaque année de ces écoles après y avoir achevé leurs études. Ladite proportion sera constatée d'après une liste nominative annuellement transmise au grade des sceaux, ministre des cultes, et par lui communiquée au ministre de l'instruction publique.

ART. 18. — Sont maintenus et demeurent obligatoires, sauf la dérogation précitée, toutes les dispositions ou ordonnances du 16 juin 1838, concernant les écoles secondaires ecclésiastiques.

TITRE III. — DISPOSITIONS SPÉCIALES AUX ÉTABLISSEMENTS PUBLICS D'INSTRUCTION SECONDAIRE.

LES DÉFENSEURS DU MONOPOLE

A la Chambre des pairs, un grand débat qui durera jusqu'au 24 mai et occupera vingt-six séances, s'engage dans la séance du 22 avril 1844, M. Cousin attaqua le rapport et se fit le défenseur du monopole ; il accorde cependant que dans l'école de l'Etat le père de famille garde une partie de ses droits.

L'orateur déclare qu'il vient au secours de l'Université que le duc de Broglie, dans son rapport, n'a ni soutenue, ni défendue, ni encouragée.

« Je renferme toute la discussion que soulève le projet de loi dans cette simple question : Le droit d'enseigner est-il un droit naturel ou un pouvoir public ?

« Est-ce un droit naturel comme la propriété, la liberté individuelle, la liberté de conscience et d'autres libertés de ce genre que la loi reconnaît mais qu'elle ne fait pas ? Ou bien est-ce un pouvoir public que la loi seule peut conférer, comme le pouvoir de plaider pour un autre

devant un tribunal ou le pouvoir de rendre la
justice ? Le droit d'enseigner est-il un droit naturel dont le libre exercice donne naissance à
une industrie légitimement exempte de toute
condition préalable et soumise aux seules conditions ordinaires de toute industrie, à savoir la
surveillance et la répression qu'elle peut provoquer ou bien le droit d'enseigner étant un pouvoir, un pouvoir public que la loi confère,
doit-il être mesuré et réglé par la loi et assujetti
par elle, non pas seulement à la répression et à
la surveillance, mais aussi et surtout à des conditions préalables d'exercice ? Poser une pareille
question, c'est la résoudre.

« J'ai beau parcourir, Messieurs, toutes les
Déclarations des Droits de l'homme et du citoyen, je ne rencontre dans aucune celui d'enseigner.

« C'est que ce prétendu droit est une chimère.
Qu'est-ce en effet qu'un droit naturel ? Celui
dont ne peut être dépouillé l'homme naturel, et
cet homme développé et achevé, qu'on appelle
le citoyen, sans cesser d'être un citoyen et un
homme.

« Pour jouir de sa liberté légitime, faut-il
avoir le droit, non pas d'exprimer hautement ses
opinions même au moyen de la presse par
devant ses égaux et ses concitoyens, mais de les
inculquer à des enfants dans l'ombre d'une

école ? Est-ce être opprimé que de n'avoir pas le droit de façonner à son gré ses semblables, de ne pouvoir imprimer en de jeunes âmes ses propres mœurs et ses propres principes, sans avoir fait connaître quelles sont ces mœurs et quels sont ces principes ?

. . . .

« Ainsi ce droit qu'on invoque au nom de la liberté est un attentat contre elle. L'industrie nouvelle qu'on voudrait autoriser de l'apparence d'une industrie privée est en réalité une entreprise sur autrui, une usurpation du domaine public.

. . . .

« Il appartient donc à la société d'intervenir dans l'éducation et de la faire un peu à son image, pour que l'éducation lui rende ce que la société lui a donné, autrement c'est la société qui sème de ses propres mains l'inquiétude, le mécontentement, les révolutions.

« A ce point de vue qui est le vrai, le droit d'enseigner n'est ni un droit naturel de l'individu, ni une industrie privée, c'est un pouvoir public. »

Le père de famille est le seul maître chez lui, mais il ne peut en être de même à l'école.

« Dès que le père de famille échange l'école domestique pour l'école commune, il ne retient dans celle-ci qu'une partie de ses droits, il y rencontre la société, à laquelle il appartient d'intervenir dans tout ce qui est du domaine public. Là l'Etat n'a pas à proprement parler devant lui le père de famille, mais l'instituteur étranger, et celui-ci exerce, nous l'avons prouvé, un pouvoir, un office, une véritable fonction publique pour laquelle l'Etat a le droit et le devoir d'exiger des garanties. »

L'orateur fait ensuite l'éloge de l'Université et de son enseignement et attaque l'article 17 relatif aux écoles secondaires ecclésiastiques, auxquelles cet article donnerait un « privilège » et un monopole (1).

RIPOSTE POUR LA LIBERTÉ D'ENSEIGNEMENT

La discussion à la Chambre des pairs se continua par un discours de M. Beugnot.

L'orateur semble avoir eu pour but de répondre au discours de Cousin.

« L'honorable M. Cousin a dit avant hier : Il n'y a pas de droit individuel. La faculté d'enseigner le grec et le latin n'a jamais été inscrite dans aucune Déclaration des Droits de l'homme. C'est une industrie et non autre chose.

« Nous ne le nions pas. Qui a jamais dit que l'exercice de l'enseignement soit un droit naturel ? Savez-vous ce qui est un droit naturel ? C'est le droit du père de famille d'élever ses enfants et,

1. *Journal général de l'Instruction publique*, n° du 24 avril 1844.

s'il ne peut remplir ce devoir lui-même, de choisir librement ceux à qui il juge convenable de confier cette mission importante. Je dis librement, parce que l'Etat, dans le système que je combats, ayant attiré à lui tout l'enseignement, le choix des pères de famille n'existe plus, donc il y a lésion, et lésion évidente du droit naturel. Non pas que je crois que le droit de surveillance de l'Etat doive céder à tous les caprices des pères de famille, mais je pense que ce droit, dont nul ne conteste la légitimité, ne peut aller jusqu'à faire disparaître le droit qui appartient aux pères de famille. »

. . . .

« L'honorable M. Cousin, dans son éloquent discours, nous a fait sentir tous les avantages de l'unité dans l'enseignement. Il a raison, l'unité dans l'enseignement est une excellente chose, mais il y a une chose meilleure encore, une chose que la liberté peut seule donner, c'est l'émulation, fille de la concurrence. Aujourd'hui, le grand vice de l'Université, c'est de manquer d'émulation. »

L'orateur demande la liberté, l'impartialité absolue de l'université et des jurys chargés de conférer les grades.

« La surveillance que l'Etat exercera sur les établissements libres doit porter sur les principes religieux et moraux adoptés dans toute institution privée. J'irai même plus loin, j'irai jusqu'à dire que je permettrais au gouvernement d'y exercer une surveillance politique, car je ne voudrais pas qu'on élevât la jeunesse en haine ni même dans l'indifférence de nos institutions.

« Mais cette surveillance une fois reconnue, je n'admets pas que l'Université ait le droit de contrôler les méthodes scientifiques, attendu que la liberté des méthodes doit être complète. Du moment qu'il n'y a pas lieu à exercer de sur-veillance scientifique, l'intervention de l'Univer-sité n'est plus nécessaire et des magistrats civils ou des inspecteurs étrangers à l'Université peu-vent parfaitement représenter l'État dans l'ac-complissement de cet important devoir » (Séance du 24 avril 1844. *Journal général de l'Instruction publique*, n° du 27 avril 1844, et supplément à ce n°).

M. Guizot représente une opinion qui lui est personnelle.

Il n'a pas d'hostilité ni d'objections doctrinales contre le monopole, il n'a pas une confiance illimitée dans la liberté même sous le contrôle des lois. La question religieuse enfin le préoccupe autant que nos contemporains, mais pas plus en ce sens qu'il la subordonne à l'état des esprits et aux convenances de sa politique.

Obligé d'intervenir dans le débat M. Guizot fait de la haute philosophie et rend d'abord à la religion les plus respectueux hommages.

« Le gouvernement sait, dit-il, qu'en même

temps qu'elle donne la règle intérieure, la religion satisfait, apaise, élève les âmes.

. . . .

La religion seule fait de telles choses. Et ce qu'il a dit, ce n'est point pour le vain plaisir d'étaler devant vous les mérites de la religion ; c'est pour montrer qu'il les connaît, qu'il les comprend, qu'il en est profondément convaincu, et qu'aujourd'hui aussi bien qu'il y a quatre ou cinq ans il sait ce que la religion apporte de force, d'appui, de bonheur et d'honneur à la Société et à l'Etat dans l'alliance qu'elle a contractée avec eux.

« Si d'autres lois sont nécessaires, d'autres lois seront présentées. Il s'agit pour la société nouvelle de s'accoutumer à la liberté et à l'influence de la religion et il faut que la religion s'accoutume aux mœurs, aux tendances, aux libertés et aux institutions de la société nouvelle. »

En rapprochant ces extraits puisés dans le *Moniteur* relatant la séance du 26 avril 1844 des « pensées » de M. Jaurès empruntées à l'*Officiel* du 26 janvier 1910, on verra que le médiocre thème de *conciliation par des forces obscures* a gardé des partisans (1).

Le 26 avril Montalembert se plaçant unique-

---

1. « Les instituteurs ont eu le sentiment, ils ont eu l'instinct qu'il y avait là une sorte de transition politique — oh ! pratiquée de très bonne foi ! — ils se sont bien rendu compte que ni Paul Bert, ni Ferry, qui étaient des positivistes, ne

ment au point de vue de l'intérêt de la religion fit un nouveau discours pour la liberté.

Dans la suite de la discussion, le débat a lieu non pas tant entre le monopole et la liberté qu'entre la liberté absolue et la liberté mesurée et contrôlée par l'Université. Le principe de la liberté contrôlée est admis par la plupart des orateurs qui défendent l'Université contre les attaques de certains catholiques. En somme,

pouvaient introduire Dieu avec beaucoup de ferveur, et ils ont eu assez de respect pour Dieu pour ne pas pratiquer simplement envers lui les devoirs de politesse. (*Rires et applaudissements à gauche et à l'extrême gauche*).

« Messieurs, je dis ces choses sans ironie aucune et en homme qui désire que le souci des grands problèmes sur le tout de l'Univers, sur l'idéale destinée du monde et de l'homme ne disparaisse point de l'esprit des générations. Mais si vous vouliez mon sentiment, ce n'est pas par des formules, ce n'est pas par des mots balbutiés par complaisance, ce n'est pas par des timidités, c'est, au contraire, par l'enseignement toujours plus hardi, plus large, je dirai plus auguste de la science elle-même que vous éveillerez dans les jeunes esprits, sans qu'ils puissent voir dans votre enseignement un piège ou une routine, le sens des vastes problèmes. Est-ce que vous vous défiez à ce point des leçons de mystère, d'infinité, d'unité qui sortent de la science elle-même ?

. . . .
. . . .

« Eh bien, je dis que des hommes, des enfants qui auraient reçu en toute liberté, en toute simplicité, par des exemples librement commentés, ces grandes leçons et ces premières initiatives de la science, seraient mieux préparés que par la répétition mécanique des formules de Cousin à comprendre ce qui subsiste dans les systèmes religieux du passé, ou dans les grandes philosophies où l'homme a mis son effort, pour comprendre ce qui y subsiste de réalité concrète et assimilable à la conscience d'aujourd'hui. » (Extrait du discours de M. Jaurès. *Officiel* du 26 janvier 1910.)

la loi était suspecte aux catholiques parce qu'elle refusait aux congrégations le droit d'enseigner, et aux universitaires parce qu'elle respectait la situation des petits séminaires.

*
* *

Sur le projet présenté à la Chambre des députés après modifications à la Chambre des pairs, M. Thiers fit le rapport :

« La liberté d'enseignement ne saurait être considérée comme un droit des enseignants de se saisir à volonté de la jeunesse pour en faire la matière de leurs spéculations, la vraie liberté d'enseignement repose sur une autre base que celle du droit des enseignants, elle repose sur le droit du père de famille.

« L'enfant qui naît appartient à deux autorités à la fois, le père qui lui a donné le jour et qui voit en lui sa propre postérité, le continuateur de sa famille, et l'État qui voit en lui le citoyen futur, le continuateur de la nation. Les droits de ces deux autorités sont divers, mais également sacrés et ne doivent être éludés ni l'un ni l'autre. Le père a le droit d'élever cet enfant d'une manière conforme à sa sollicitude paternelle, l'État a le droit de le faire élever d'une manière conforme à la constitution du pays.

« La liberté d'enseignement consiste à fournir à tous les pères les moyens de satisfaire leurs penchants divers, et de les satisfaire non seulement dans l'asile sacré de la famille, mais aussi dans les établissements publics, régulièrement constitués et toujours ouverts. Mais là s'arrête le droit du père de famille et là commence le droit de l'Etat.

« Et quand nous disons l'Etat, il faut pour comprendre toute la grandeur de ce mot, il faut se figurer l'Etat non pas comme un despote qui commande au nom de son intérêt égoïste, mais la société elle-même commandant dans l'intérêt de tous ; il faut se figurer l'Etat, non pas comme un pouvoir dont on combat dans un moment les tendances politiques ou une dynastie à laquelle on refuse ses affections, il faut voir dans l'Etat l'Etat lui-même, c'est-à-dire l'ensemble de tous les citoyens, non seulement ceux qui sont, mais ceux qui ont été et qui seront, la nation, en un mot, avec son passé et son avenir, avec son génie, sa gloire, ses destinées. Certes l'Etat, quand il représente toutes ces choses, a bien le droit de vouloir quelque chose au sujet de l'enfant qui vient de naître, et si le père a le droit au nom de sa tendresse de souhaiter pour lui certains soins physiques et moraux, l'Etat a le droit de vouloir qu'on en fasse un citoyen plein de l'esprit de la constitution, aimant les lois, aimant le pays, ayant les penchants qui peuvent contribuer à la grandeur, à la prospérité nationale.

« Certes, quiconque nierait cela nierait la patrie et ses droits, et s'il serait impie de nier les droits sacrés de la paternité sur ses enfants, serait-il moins impie de nier les droits de la patrie sur ses citoyens!

La vérité, en cette matière, où est-elle? Elle est dans la reconnaissance de ces deux autorités également sacrées, et dans la conciliation de leur action bienfaisante; elles doivent se soutenir l'une l'autre ; s'aider, quelquefois se limiter, jamais se combattre ou s'entre-détruire. »

. . . . , ...

« Un pays où règne la liberté d'enseignement est celui où la loi a procuré des régimes d'éducation divers entre lesquels la sollicitude paternelle peut choisir, suivant ses goûts et ses sentiments, mais tous animés de l'esprit commun, de la constitution du pays, tous conformes au génie de la nation, tous destinés à lui conserver son rang dans l'estime du monde civilisé. Le pays où ne règne pas la liberté d'enseignement serait celui où l'État, animé d'une volonté ferme, absolue, voulant jeter la jeunesse dans un même moule, la frapper comme une monnaie à son effigie, ne souffrirait aucune diversité dans le régime d'éducation et pendant sept ou huit ans ferait vivre tous les enfants sous le même habit, les nourrirait des mêmes aliments, les appliquerait aux mêmes études, les soumettrait aux mêmes exercices physiques, les plierait pendant

quelques années à une égalité forte qui n'empê-
cherait pas que chacun d'eux pût avoir plus tard
la place assignée à sa naissance ou à son génie
naturel.

« Mais disons-le tout de suite, quoique le
second système ait un caractère de force plus
grand il est peu conforme au génie des nations
modernes. » *(Journal général de l'Instruction publique,* 17 juillet 1884.)

1846. — Discours de M. Guizot

Le 30 janvier 1846, à propos d'une interpella-
tion, Guizot délimitait ainsi le droit des familles
et le droit de l'Etat.

« Dans la manière dont l'Université était con-
çue et instituée il y avait excès, car tous les
droits en matière d'instruction publique n'appartiennent pas à l'Etat. Il y en a qui sont, je ne
veux pas dire supérieurs aux siens, mais qui sont
antérieurs et qui coexistent avec les siens. Les
premiers sont les droits des familles. Les enfants appartiennent aux familles avant d'appartenir à l'Etat. L'Etat a le droit de distribuer l'enseignement, de le surveiller, de le diriger dans
ses propres établissements ; il n'a pas au fond
le droit de l'imposer arbitrairement et exclusivement à toutes les familles sans leur consente-
ment et contre leurs vœux. Le régime de l'Uni-

versité n'admettait pas ces droits primitifs et inviolables des familles, il n'admettait pas non plus, du moins à un degré suffisant, un autre ordre de droits, les droits des croyances religieuses...

« ... Gardez-vous bien, dans l'intérêt de l'Université, dans l'intérêt du gouvernement, dans l'intérêt de l'Etat qui domine et dirige ce gouvernement, gardez-vous bien de repousser l'accomplissement de cette promesse de la charte, gardez-vous bien de repousser la liberté d'enseignement. L'Etat sera le premier à en profiter. » (*Moniteur* du 31 janvier 1846.)

NOUVEL ASSAUT POUR LA LIBERTÉ D'ENSEIGNEMENT

PROJET DE M. SALVANDY
présenté le 12 avril 1847 à la Chambre des Députés

Enseignement secondaire

EXPOSÉ DES MOTIFS. — Le ministre parlant du monopole dit : « Un tel régime n'avait été essayé nulle part. Jamais on n'avait vu cette mainmise universelle de la puissance publique sur les générations nouvelles, sur les méthodes, les exercices, les études. On a cité quelque exemple plus brillant qu'exact, quelque exception inapplicable et illustre de quelque cité héroïque qui, ayant tout institué pour la guerre a dû sacrifier tout, même les sentiments de la famille aux nécessités de la guerre. Dans l'histoire du monde, on ne trouvera rien de plus, et à côté s'offre à nous le droit de la famille sur elle-même consacré à toutes les pages des annales et des lois du peuple qui a soumis l'ancien monde à ses codes, et qui en a doté, comme du plus bel héritage, le monde moderne. La société chrétienne, née dans ce berceau digne d'elle, gouvernée si longtemps par les maximes romaines, ne vit jamais contester le droit de la puissance paternelle en fait d'éducation. Et dans les temps d'universelle délibération où nous sommes, Dieu merci entrés, et où le monde entre après nous, il ne sera plus contesté. C'est qu'il y a deux faits et deux principes plus forts que tout le monde. Le droit paternel a ses sources plus haut que la charte de 1830. Il est écrit dans une loi que des circonstances ou un homme extraordinaires peuvent méconnaître un jour, mais qu'aucun gouvernement pacifique et régulier qu'aucune législation légitime et sensée ne déclineront désormais. Ce droit sur la direction morale, sur le développement intellectuel de l'enfant que Dieu nous a donné pour être l'héritier de notre nom, le continuateur de notre pensée dans la cité et dans l'Etat, ce droit est la vérité en fait de liberté d'enseignement. Tout le reste est plus ou moins accidentel, artificiel et contestable, mais ici tout est réel et fondamental.

Biétry 7

C'est par la famille que la société a commencé. La société n'en est que le développement et l'image. L'Etat n'a de droits que ceux qu'il emprunte à cette origine, comme il n'a de force que celle qu'il demande à tous ses citoyens. L'Etat ne peut substituer son action à celle-là, ses sentiments à ceux qui ont là leur siège et leur puissance sans usurper.

« L'Etat, de son côté, ne verra pas davantage contester son droit manifeste, son autorité nécessaire, sa sollicitude obligée, en fait d'éducation et d'enseignement... »

*
* *

Le projet de M. Salvandry supprimait l'autorisation préalable et le certificat de moralité ; le déclarant pouvait ouvrir son école s'il n'y avait aucune « opposition dans l'intérêt des mœurs publiques » (art. 1). Il fallait déposer les programmes, plans des lieux, titres de propriété, etc. (art. 3). La loi imposait des obligations de grades et le contrôle de l'Université. (« Journal de l'Instruction publique » des 14-17 avril 1847).

M. Liodières fit à la Chambre des députés un rapport sur ce projet,

« Ayant parlé du droit des pères de famille et du droit de l'Etat et défendu l'Université contre les attaques dont elle était l'objet, il dit que la loi n'a pas pour but principal de multiplier les institutions de plein exercice qui se trouveraient dans les grands centres où sont déjà les collèges royaux et communaux. Il voit pour la liberté une autre sphère d'influence.

« Ce que la liberté doit donner, ce que le pays veut, ce que la Chambre et sa commission veulent comme lui, c'est la diffusion des lumières par les petites pensions, par les établissements professionnels, par les maisons d'éducation de deuxième et de troisième ordre.

« Nous voyons l'enseignement libre allant chercher dans les bourgs, dans les petites villes un grand nombre d'enfants qui, sans cela, n'auraient jamais connu les avantages de l'éducation secondaire ; nous le voyons étudiant les mœurs, les ressources, les tendances des localités, et s'installant au milieu de leurs intérêts et de leurs besoins. Voilà pourquoi nous voulons des établissements libres. Nous voulons aussi la liberté d'enseignement parce que la charte a proclamé la liberté des cultes. » « (Journal général de l'Instruction publique » du 25 août 1847).

LA DEUXIÈME RÉPUBLIQUE

PROJET CARNOT (1848)

Le 3o juin 1848 M. Carnot, alors ministre de l'Instruction publique, présenta un projet de loi sur l'instruction primaire et une commission fut nommée pour l'étudier. Mais le 4 janvier suivant le projet fut retiré par le gouvernement. La commission, cependant, déposa son rapport qui fut publié le 21 avril 1849 au *Moniteur*, comme document législatif.

Le projet était inspiré de la loi de 1833 et du projet de 1847, maintenant la déclaration et supprimant le certificat de moralité, il introduisait dans l'échelle des peines menaçant les instituteurs libres, l'avertissement et la réprimande. (*Journal général de l'Instruction publique*, n^{os} des 12, 16 et 19 mai 1849).

LOI FALLOUX

Enfin la *Loi Falloux*, fut soumise aux délibérateurs de la Chambre des députés.

L'*Exposé des motifs* dit :

« Messieurs, le projet que j'ai l'honneur de soumettre à vos délibérations a été élaboré dans le sein d'une commission où tous les intérêts, ceux de la famille et ceux de l'Etat, ceux de l'Eglise et ceux de l'Université comptaient d'éminents représentants.

« On ne cherchait autrefois ce terrain (l'enseignement) que pour s'y combattre, on ne s'y rentre plus aujourd'hui que pour se concentrer dans un intérêt commun, supérieur à tous les préjugés personnels. Permettez-moi donc d'aborder ce sujet sans autre préoccupation que le sujet lui-même.

. . . .

« A voir tous les gouvernements qui se succèdent porter la main sur l'enseignement public, il semble que tous se soient flattés d'improviser une société à leur image. La liberté d'enseignement, enfin consacrée par notre constitution, doit mettre un terme à ces illusions et à ces tentatives. On n'élève pas l'homme pour telle ou telle forme de gouvernement, mais pour lui-même, pour le développement et la dignité de sa propre nature, pour le développement et le progrès de la société à laquelle il appartient. Les gouvernements y doivent intervenir puissamment, sans doute, mais d'accord avec les lois éternelles de la conscience et de la civilisation.

« La famille, pas plus que l'individu ne doit se

mettre en révolte contre l'Etat, mais l'Etat ne peut pas, ne doit pas se substituer arbitrairement à la famille. »

Le projet établit d'abord quelles sont les autorités préposées à l'enseignement. Venant à la question de la liberté d'enseignement, l'auteur dans l'exposé des motifs dit en parlant de l'obligation :

« Les Etats généraux de 1580 voulurent l'imposer en France (1). Une contrainte de cette nature, opposée à nos mœurs, ne put jamais s'y introduire. Elle n'est pas praticable, elle ne serait point salutaire. » . . . .

« Le meilleur, l'unique moyen d'universaliser l'enseignement, c'est de le rendre universellement accessible, applicable. Aujourd'hui, au sein même de Paris, ce sont les écoles qui manquent aux élèves, et non les élèves aux écoles. Fondez et dotez, encouragez les sacrifices, les émulations, renversez les entraves, récompensez les services et vous aurez en peu d'années mieux que l'enseignement obligatoire, vous aurez l'enseignement avidement recherché et béni. »

Parlant des conditions de grades l'auteur dit :

Il vaut mieux « s'en rapporter aux effets naturels de l'émulation, un peu à l'intérêt des chefs d'établissement, beaucoup à la sagacité des pères de famille ».

1. C'est en 1560 que le principe de l'obligation scolaire fut affirmé en France par la noblesse aux États-Généraux.

(Journal général de l'instruction publique du
23 juin 1849.)

Analyse de la Loi Falloux

(Promulguée le 27 mars 1850)

Présentée le 18 juin 1849; le 6 octobre, M. Beugnot déposa son rapport ; renvoi au Conseil
d'Etat le 7 novembre; projet du Conseil d'Etat le
17 décembre; rapport supplémentaire de M. Beugnot le 31 décembre. La première lecture les
14, 15, 16, 17, 18, 19 janvier 1850 ; deuxième
lecture les 4, 5, 6, 7, 12, 13, 14, 18, 19, 20, 21,
22, 23, 25, 26 février ; troisième lecture les 11,
12, 13, 14, 15, 16 mars ; enfin adoption à la
majorité de 399 voix contre 231, le 15 mars 1850.

M. Beugnot dans son premier rapport indique
l'esprit qui a présidé à la rédaction de la nouvelle loi et les différentes parties dont elle se
compose.

« Messieurs; le principe de la liberté de l'enseignement, inscrit dans nos lois en 1830, a fait
naître chaque fois qu'il s'est agi de le mettre en
application, d'ardentes controverses qui, en
divisant les esprits, ont troublé le législateur lui-
même et paralysé ses efforts pour remplir l'engagement solennel qu'il avait contracté.

La juste délimitation entre les droits de l'Etat
et ceux des citoyens fut l'écueil contre lequel

vinrent successivement se briser les meilleures intentions et les volontés les plus éclairées. »

La nouvelle constitution allant plus loin que la charte de 1830, continue le rapport, a défini les droits de l'Etat. M. Beugnot, après avoir fait un tableau de « la liberté retrouvée par le législateur » déclare que ce dernier ne devra pas en abuser.

« Cette liberté d'action ne sera pas non plus la faculté de ne tenir aucun compte « des lois et des institutions existantes » et de chercher la perfection à travers les nuages de l'idéal ou les ruines.

« L'Etat distribue l'enseignement par des agents qu'il prépare à cet effet et qu'il dirige. Rechercher si dans le principe il a eu tort ou raison de s'emparer de cette haute fonction et si des particuliers ou des associations ne la rempliraient pas plus avantageusement, serait sans profit, puisqu'un fait qui a quarante ans de date, tranche la question ; mais ce que la réflexion et l'expérience de tous les temps attestent, c'est qu'une corporation exclusivement et officiellement chargée de donner l'instruction se trouve, par sa nature même, privée du sentiment d'émulation qui communique aux institutions, comme aux individus, le besoin de faire mieux, de se perfectionner continuellement soi-même, et qui inspirait au génie le plus vaste et le plus puissant qui ait dirigé l'ancienne France, à Richelieu, cette pensée :

« Si les universités enseignaient seules, il
« serait à craindre qu'elles revinssent avec le
« temps à l'ancien orgueil qu'elles ont eu autre-
« fois, qui pourrait être à l'avenir aussi préjudi-
« ciable qu'il a été par le passé. »

. . . .
. . . .

« Notre nation s'est formée sous l'empire de la
concurrence en matière d'enseignement. « Nous
lui restituons cet élément de progrès, qui pro-
fitera même à l'institution dont il va restreindre
les privilèges ».

. . . .
. . . .

« L'Université moderne a été l'objet d'apolo-
gies et de reproches outrés. Mais si son enseignement ne s'est pas toujours maintenu à l'abri
des critiques sérieuses il ne aut en accuser ni
les hommes ni les « méthodes mais le privilège
« dont elle jouissait et à l'abri duquel elle s'est
« égarée ».

« Dépourvues des lumières que la concurrence
lui aurait fournies, elle a demandé des inspira-
tions à l'esprit de système et des leçons à l'é-
tranger, « et ces deux guides trompeurs ont trahi
« plus d'une fois un amour du bien public et
« de la science. »

« Parmi les effets salutaires de la liberté il faut
« placer l'amélioration de l'enseignement pu-
« blic ».

« Puisse cette vérité réconcilier avec elle ceux

Biétry						7.

qui ne l'envisagent par sans préventions ou sans inquiétude.

« Si nous ne considérions la concurrence que comme un moyen de perfectionner l'éducation nous l'envisagerions, il faut le dire, sous son aspect le moins élevé. « Le droit naturel et pré-existant de la famille », ce droit que les lois reconnaissent, mais qu'elles ne créent pas, et qui survit dans la conscience publique, quand elles lui refusent leur sanction, ce droit exige que le choix des familles puisse s'exercer, non seulement sur les personnes, mais sur les méthodes et les doctrines, sans rencontrer d'autres limites que celles qui sont posées par la morale et le respect des lois. « FONDER la concurrence c'est « donc consacrer un droit impérissable et assurer « les progrès de l'enseignement. » Comment réprimer un principe à la fois si juste et si utile ?

« Qui exercera cette concurrence ? Nous répondons : Tous les citoyens, tous ceux qui se croiront appelés à remplir la noble et difficile fonction d'instituteur de la jeunesse et qui auront donné des gages publics de moralité et de savoir. « Nous n'essaierons par de créer des incapacités, « d'introduire des exceptions, là où notre cons-« titution a proclamé le droit commun. »

. . . .
. . . .

« La première condition d'une concurrence sincère est l'égalité parfaite entre les concurrents ; or, peut-on fonder sérieusement l'égalité quand l'Etat se réserve de donner lui-même, avec profusion, l'enseignement dans des établissements nombreux qu'il soutient par tous les moyens dont il dispose. »

. . . .
. . . .

« Les principes généraux qui ont dirigé votre commission dans l'examen du projet de loi présenté par M. le ministre de l'Instruction publique, à l'Assemblée législative le 18 juin dernier, ayant été exposés nous pouvons maintenant vous rendre compte, sans craindre d'entrer dans quelques détails, des résultats de cet examen : mais il importe avant tout de rappeler le texte et le sens de la loi souveraine, restés constamment présents à notre esprit pendant le cours de nos délibérations. »

L'article 9 de la constitution est ainsi conçu :

L'enseignement est libre. La liberté de l'enseignement s'exerce selon les conditions de capacité et de moralité déterminées par les lois et sur la surveillance de l'Etat. Cette surveillance s'étend à tous les établissements d'éducation et d'enseignement, sans aucune exception.

*
* *

La loi Falloux, promulguée le 27 mars, comprend les dispositions essentielles que voici :

Conseil supérieur de l'Instruction publique

Article premier. — Le conseil supérieur de l'instruction publique est composé comme il suit:

Le ministre président ;

Quatre archevêques ou évêques élus par leurs collègues ;

Un ministre de l'Eglise réformée élu par les consistoires ;

Un membre du consistoire central israélite élu par 25 collègues ;

Trois membres de la Cour de cassation élus par leurs collègues ;

Trois membres de l'Institut élus en assemblée générale de l'Institut ;

Huit membres nommés par le Président de la République, un Conseil des ministres et choisis parmi les anciens membres du Conseil supérieur de l'Université, les inspecteurs généraux ou supérieurs, les recteurs et les professeurs des facultés : ces huit membres forment une section permanente.

Trois membres de l'enseignement libre nommés par le Président de la République sur la proposition du ministre de l'Instruction publique.

Art. 5. — Le conseil supérieur... est nécessairement appelé à donner son avis.

Sur les règlements relatifs aux examens, aux

concours et aux programmes d'études dans les écoles publiques, à la surveillance des écoles libres, et en général sur tous les arrêtés portant règlement pour les établissements d'instruction publique, sur la création des facultés, lycées et collèges, sur les secours et encouragements à accorder aux établissements libres d'instruction secondaire, sur les livres qui peuvent être introduits dans les écoles publiques et sur ceux qui doivent être défendus dans les écoles libres comme contraires à la morale, à la constitution et aux lois.

. . . .

CHAPITRE II. — *Des conseils académiques*

Art. 7 à 13. — (Composition des conseils académiques à Paris et dans les départements.)

Art. 14. — « Le conseil académique donne son avis... il prononce, sauf recours au conseil supérieur : sur les affaires contentieuses relatives à l'obtention des grades, aux concours devant les facultés, à l'ouverture des écoles libres, aux droits des maîtres particuliers et à l'exercice du droit d'enseigner... sur les affaires disciplinaires relatives aux instituteurs primaires, publics ou libres. »

CHAPITRE III. — *Des écoles et de l'inspection*

Art. 17. — « La loi reconnaît deux espèces d'écoles : les écoles publiques et les écoles libres. »

Art. 18. — « L'inspection des établissements d'ins... uction publique ou libre est exercée : 1° par les inspecteurs généraux et supérieurs ; 2° par les recteurs et les inspecteurs d'académie ; 3° par les inspecteurs de l'enseignement primaire ; 4° par les délégués cantonaux, le maire et le curé, le pasteur ou le délégué du consistoire israélite en ce qui concerne l'enseignement primaire.

« Les ministres des différents cultes n'inspecteront que les écoles spéciales à leur culte ou les écoles mixtes pour leurs coreligionnaires seulement.

« Le recteur pourra, en cas d'empêchement, déléguer temporairement l'inspection à un membre du conseil académique. »

Art. 19. — Nomination des inspecteurs d'Académie.

« Les inspecteurs d'Académie sont choisis par le ministre parmi les anciens inspecteurs, les professeurs des facultés.,. les chefs d'établissements secondaires libres, les professeurs des classes supérieures dans ces diverses catégories d'établissements [publics ou libres]...

« Les inspecteurs généraux et supérieurs sont choisis par le ministre, soit dans les catégories ci-dessus indiquées, soit parmi les anciens inspecteurs généraux ou inspecteurs supérieurs de l'instruction primaire, les recteurs et inspecteurs d'académie ou parmi les membres de l'institut.

« Le ministre ne fait aucune nomination d'inspecteur général sans avoir pris l'avis du conseil supérieur.

« Art. 20. — L'inspection de l'enseignement primaire est spécialement confié à deux inspecteurs supérieurs.

« Il y a en outre dans chaque arrondissement un inspecteur de l'enseignement primaire, choisi par le ministre après avis du conseil académique.

« Néanmoins sur l'avis du conseil académique, deux arrondissements pourront être réunis pour l'inspection,

« Un règlement déterminera le classement, les frais de tournée, l'avancement et les attributions des inspecteurs de l'enseignement primaire.

« Art. 21. — L'inspection des écoles publiques s'exerce conformément aux règlements délibérés par le conseil supérieur.

« Celle des écoles libres porte sur la moralité, l'hygiène et la salubrité.

« Elle ne peut porter sur l'enseignement que pour vérifier s'il n'est pas contraire à la morale, à la constitution et aux lois.

« Art. 22. — Tout chef d'établissement primaire ou secondaire qui refusera de se soumettre à la surveillance de l'Etat, telle qu'elle est prescrite par l'article précédent, sera traduit devant le tribunal correctionnel de l'arrondissement et condamné à une amende de 100 à 1.000 francs.

« En cas de récidive, l'amende sera de 500 fr. à 3.000 francs. Si le refus de se mettre à la surveillance de l'Etat a donné lieu à deux condamnations dans l'année, la fermeture de l'établissement pourra être ordonnée par le jugement qui prononcera la seconde condamnation.

« Le procès-verbal des inspecteurs constatant le refus du chef d'établissement fera foi jusqu'à inscription de faux. »

TITRE II

De l'Instruction primaire

CHAPITRE PREMIER, ARTICLES 22-23. — *Dispositions générales*

CHAPITRE II. — *Des instituteurs*

Art. 25. — « Tout Français âgé de vingt et un ans accomplis peut exercer dans toute la France la profession d'instituteur primaire, public ou libre s'il est muni d'un brevet de capacité.

Art. 26. — « Sont incapables de tenir une école publique ou libre ou d'y être employés, les individus qui ont subi une condamnation pour crime, etc...

Art. 27. — « Tout instituteur qui veut ouvrir une école libre doit préalablement déclarer son intention au maire de la commune où il veut s'établir, lui désigner le local et lui donner l'indication du lieu où il a résidé et des professions qu'il a exercées pendant les dix années précédentes.

« Cette déclaration doit être en outre adressée par le postulant au recteur de l'Académie, au procureur de la République et au sous-préfet.

« Elle demeurera affichée par les soins du maire à la porte de la mairie, pendant un mois.

Art. 28. — « Le recteur, soit d'office, soit sur la plainte du procureur de la République ou du sous-préfet, peut former opposition à l'ouverture de l'école dans l'intérêt des mœurs publiques, dans le mois qui suit la déclaration à lui faite.

« Cette opposition est jugée dans un bref délai, contradictoirement et sans recours par le conseil académique.

« Si le maire refuse d'approuver le local, il est statué à cet égard par le conseil.

« A défaut d'opposition, l'école peut être ouverte à l'expiration du mois sans autre formalité.

Art. 29. — « Quiconque aura ouvert ou dirigé une école en contravention aux articles 25, 26, 27 ou avant l'expiration du délai fixé par le dernier paragraphe de l'article 28 sera poursuivi devant le tribunal correctionnel du lieu du délit et condamné à une amende de 50 à 500 francs.

« L'école sera fermée.

« En cas de récidive, le délinquant sera condamné à un emprisonnement de six jours à un mois et à une amende de 100 à 1.000 francs.

« La même peine... sera prononcée contre celui qui, dans le cas d'opposition formée à l'ouverture de son école, l'aura néanmoins ouverte avant qu'il ait statué sur cette opposition, ou bien au mépris de la décision du conseil académique qui aurait accueilli l'opposition.

« Ne seront pas considérés comme tenant école les personnes qui, dans un but purement charitable, et sans exercer la profession d'instituteur, enseigneront à lire et à écrire aux enfants, avec l'autorisation du délégué cantonal.

« Néanmoins, cette autorisation pourra être retirée par le conseil académique.

Art. 30. — « Tout instituteur libre, sur la plainte du recteur ou du procureur de la République pourra être traduit, pour cause de faute grave dans l'exercice de ses fonctions, d'inconduite ou d'immoralité devant le conseil académique du département, et être censuré, suspendu pour un temps qui ne pourra excéder six mois ou interdit de l'exercice de sa fonction dans la commune où il exerce.

« Le conseil académique peut même le frapper d'interdiction absolue. Il y aura lieu à appel devant le conseil supérieur de l'instruction publique.

« Cet appel devra être interjeté dans ce délai de dix jours, à compter de la notification de la décision et ne sera pas suspensif.

Art. 31-35. — « Des instituteurs communaux, nomination, fonctions, formation, etc. »

Chapitre III. — *Des écoles communales*

Art. 36. — « Toute commune doit entretenir une ou plusieurs écoles primaires... »

« Le conseil académique peut dispenser une commune d'entretenir une école publique à condition qu'elle pouvoira à l'enseignement primaire gratuit dans une école libre de tous les enfants dont les familles sont hors d'état d'y subvenir. Cette dispense peut toujours être retirée.

« Dans les communes où les différents cultes reconnus sont professés publiquement, des écoles séparées seront établies pour les enfants appartenant à chacun de ces cultes, sauf ce qui est dit à l'article 15 [autorisation du conseil académique]. »

Art. 37-41. — (Traitement des instituteurs, dépenses de l'enseignement, rétribution scolaire.)

Chapitre IV. — *Des délégués cantonaux et des autres autorités préposés à l'enseignement primaire*

Art. 42. — « Le conseil académique du département désigne un ou plusieurs délégués résidant dans chaque canton pour surveiller les écoles publiques et libres du canton et détermine les écoles particulièrement soumises à la surveillance de chacun » (suit l'indication des fonctions des délégués).

Art 44. — « Les autorités locales préposées à la surveillance et à la direction morale de l'enseignement primaire sont pour chaque école, le maire, le curé, le pasteur ou le délégué du culte israélite, et dans les communes de 2.000 âmes et au-dessus un ou plusieurs habitants de la commune délégués par le conseil académique. Les ministres des différents cultes sont spécialement chargés de surveiller l'enseignement religieux de l'école. »

« L'entrée de l'école leur est toujours ouverte. Dans les communes où il existe des écoles mixtes, un ministre de chaque culte aura toujours l'entrée de l'école pour veiller à l'éducation religieuse des enfants de son culte.

« Lorsqu'il y a pour chaque culte des écoles séparées, les enfants d'un culte ne doivent être admis dans l'école d'un autre culte que sur la volonté formellement exprimée par les parents. »

Art. 45-47 — « Gratuité de l'instruction. Brevets de capacité des maîtres, certificats de stage ».)

Chapitre V. — *Des Écoles de Filles.*

Art. 50. — « Tout ce qui se rapporte à l'examen des institutrices, à la surveillance et à l'inspection des écoles de filles, sera l'objet d'un règlement délibéré en conseil supérieur. »

CHAPITRE VI. — *Instructions complémentaires.*

Art. 53. — Des pensionnats primaires.

Art. 54-57. — Des écoles d'adultes et d'apprentis.

Art. 57-59. — Des salles d'asile.

CHAPITRE III

De l'Instruction secondaire

CHAPITRE PREMIER. — *Des établissements particuliers d'instruction secondaire*

Art. 60. — « Tout Français âgé de vingt-cinq ans peut former un établissement d'instruction secondaire, sous condition d'en faire la déclaration, de présenter un certificat de stage, un diplôme de bachelier ou brevet de capacité, le plan du local. »

Art. 61-65. — « Délivrance des certificats de stage, des brevets de capacité, formalités d'ouvertures, etc. »

Art. 66. — Infractions aux articles ci-dessus :

« Les ministres des différents cultes reconnus peuvent donner l'instruction secondaire à quatre jeunes gens au plus, destinés aux écoles ecclésiastiques sans être soumis aux prescriptions de la présente loi, à condition d'en faire la déclaration au recteur. Le conseil académique veille à ce que ce nombre ne soit pas dépassé.

Art. 67. — En cas de désordre grave dans le régime intérieur d'un établissement libre d'instruction secondaire, le chef de cet établissement peut être appelé devant le conseil académique et soumis à la réprimande avec ou sans publicité. »

. . . .

Art. 68. — « Tout chef d'établissement libre d'instruction secondaire, toute personne attachée à l'enseignement ou à la surveillance d'une maison d'éducation peut, sur la plainte du ministère public ou du recteur, être traduit pour cause d'inconduite ou d'immoralité devant le conseil académique et être interdit de sa profession, à temps, ou toujours, sans préjudice des peines encourues pour crimes ou délits prévus par le Code pénal. »

. . . .

Art. 69. — « Les établissements libres peuvent obtenir des communes, des départements ou de l'Etat un local ou une subvention. »

Art. 70. — « Les écoles secondaires ecclésiastiques actuellement existantes sont maintenues sous la seule condition de rester soumises à la surveillance de l'Etat.

« Il ne pourra en être établi de nouvelles sans l'autorisation du gouvernement.

CHAPITRE II. — *Des établissements publics d'instruction secondaire*

Articles 71-76.

TITRE IV

**Dispositions générales, articles 77-82
Dispositions transitoires**

Art. 83. — «Les chefs ou directeurs d'établissements d'instruction secondaire ou primaire libres, maintenant en exercice, continueront d'exercer leur profession.

Articles 84-85 et dernier.

Bientôt le gouvernement précisa sa pensée au sujet de l'application de la loi Falloux, notamment en ce qui concerne les subventions accordées aux écoles libres. Un décret, paru le 31 mars 1851, disait :

« Le Président de la République,

. . . .

« Considérant que si aux termes du deuxième paragraphe de la loi organique, les écoles secondaires libres peuvent être fondées et entretenues par des particuliers ou des associations et obtenir conformément aux dispositions de l'article 69 de la même loi, des communes, des départements ou de l'Etat, un local et une subvention sans que cette subvention puisse excéder le dixième des dépenses annuelles de l'établissement.

« Qu'ainsi si rien ne s'oppose à ce que les évêques fondent et entretiennent des écoles se-

condaires libres et obtiennent un local et des
subventions des communes et des départements
à ce dûment autorisés, avec ou sans conditions
par lesdits évêques d'exercer comme fondateurs
sur ces écoles une haute surveillance, de choisir, de remplacer et de révoquer le personnel
desdites écoles, cette faculté ne peut s'étendre
jusqu'à les investir, par cela seul qu'ils seraient
fondateurs, du droit de diriger par eux-mêmes
ces écoles et ne dispense pas le chef désigné
par eux, et seul responsable des autorités préposées à la surveillance de l'enseignement libre
de remplir préalablement à leur formation les
conditions imposées par l'article 60 de la loi du
15 mars 1850.

. . . .

« Décrète :

« Article premier (1). — Les traités qui pourront être projetés par les communes, les départements ou l'Etat, et qui devront avoir pour
effet de concéder aux évêques diocésains des
bâtiments et des subventions pour l'établissement d'écoles libres, seront passés entre les
communes, les départements ou l'Etat et les évêques, non en leur dite qualité, mais en leur nom
personnel, agissant comme fondateurs et bienfaiteurs de l'établissement projeté, intéressés
comme tels à sa prospérité et à sa conservation,
procédant à ce titre à la désignation du person-

1. *Journal général de l'instruction publique* du 5 avril
1851.

nel et notamment du directeur de l'établissement lequel toutefois demeurera seul responsable vis-à-vis des autorités préposées à la surveillance de l'enseignement libre et devra remplir les conditions prescrites par la loi. »

L'ENSEIGNEMENT SOUS L'EMPIRE

Napoléon III s'efforça de prendre en main la direction de l'enseignement et de restaurer en partie le monopole de 1806.

Le décret du 9 mars 1852 supprima l'élection comme mode de nomination des membres du conseil supérieur de l'instruction publique, qui furent désormais nommés par le ministre.

Vint la loi du 14 juin 1854. Elle divisait la France en 16 circonscriptions académiques, administrées par un recteur et des inspecteurs.

Auprès de chaque recteur se trouvait un conseil académique dont les membres appartenaient en majorité à l'Université, et de 3 membres du clergé (art. 3-4).

Dans chaque département était institué un conseil départemental (art. 5-6).

Enfin, le préfet (art. 8) exerçait sous l'autorité du ministre les fonctions des anciens recteurs en ce qui concernait l'enseignement secondaire libre, ainsi que la surveillance disciplinaire en matière d'instruction primaire publique ou libre.

La surveillance et le contrôle au lieu de venir de l'Université venaient des préfets (1).

Le 10 avril 1867, la loi relative à l'enseignement primaire réorganise l'inspection et précise la question de l'engagement décennal.

Art. 1-16. — Concernent les écoles publiques et les instituteurs.

Art. 17. — « Sont soumises à l'inspection comme les écoles publiques les écoles libres qui tiennent lieu d'écoles publiques aux termes du quatrième paragraphe de l'article 36 de la loi de 1850, ou qui reçoivent une subvention de la commune du département ou de l'Etat. »

Art. 18. — « L'engagement de se vouer pendant dix ans à l'enseignement public prévu par l'article 79 de la même loi peut être réalisé tant par les instituteurs que par leurs adjoints dans les écoles mentionnées à l'article précédent qui sont désignées à cet effet par le ministre de l'Instruction publique après avis du conseil départemental. L'engagement décennal peut être contracté avant le tirage par les instituteurs adjoints des écoles désignées ainsi qu'il vient d'être dit. »

. . . .

Art. 21. — « Aucune école primaire, publique ou libre ne peut, sans l'autorisation du conseil

1. Grimaud. *Histoire de la liberté d'enseignement*, p. 442. — Buisson. *Dictionnaire de pédagogie*, p. 1695.

académique, recevoir d'enfants au-dessous de six ans s'il existe dans la commune une salle d'asile publique ou libre » (1).

Le 21 juin 1865, la loi sur l'enseignement secondaire spécial vient faciliter l'ouverture de cette sorte d'écoles.

L'enseignement secondaire spécial comprend :

L'instruction morale et religieuse ;

La langue et la littérature française ;

L'histoire et la géographie ;

Les mathématiques appliquées ;

La physique, la mécanique, la chimie et leurs applications, etc.

Art. 6. — « Le diplôme de bachelier peut être suppléé, pour l'ouverture d'un établissement libre d'enseignement secondaire spécial, par un brevet de capacité à la suite d'un examen... »

Art. 7. — « Les établissements libres jouissent, pour l'enseignement secondaire spécial, du bénéfice de l'article 69 de la loi du 15 mars 1850 (2). »

Enseignement supérieur

En décembre 1867, Duruy avait saisi le conseil supérieur de l'instruction publique d'un projet de loi accordant la liberté de l'enseignement supérieur, mais il ne fut jamais discuté.

1. Buisson. *Dictionnaire de pédagogie*, t. II, p. 1697.
2. Buisson. *Dictionnaire de pédagogie*, p. 1696.

Le 1er mars 1870, une commission extra-parlementaire à la tête de laquelle était Guizot fut chargée de préparer un projet de loi sur le même sujet, et pendant que la commission travaillait, Duruy de son côté déposait le 28 juin 1870 une proposition de loi sur la liberté de l'enseignement supérieur.

La guerre en empêcha la discussion.

Le projet Guizot fut repris le 31 juillet 1871, et modifié par la commission à laquelle il fut soumis, puis par la discussion devint la loi du 12 juillet 1875 (1).

Le 20 avril 1871, le duc de Broglie, Monseigneur Dupanloup, etc., déposaient une proposition de loi tendant à réorganiser le conseil supérieur de l'instruction publique sur les bases de la loi du 15 mars 1850, et à abroger le décret du 9 mars 1852.

*
* *

LOI DU 19 MARS 1873 PORTANT RÉORGANISATION DU CONSEIL SUPÉRIEUR DE L'INSTRUCTION PUBLIQUE.

Le conseil supérieur comprenait 38 membres:
Le ministre président ;
Trois membres du Conseil d'Etat, élus ;
Un membre de l'armée nommé par le ministre de la Guerre ;

1. Grimaud. *Histoire de la liberté d'enseignement*, p. 458 à 490. — Liard. *L'enseignement supérieur*, p. 463 et suite.

Un membre de la marine ;

Quatre archevêques ou évêques élus ;

Un délégué de l'église réformée, un de la confession d'Augsbourg, un israélite élus ;

Cinq membres de l'Institut, des membres de diverses facultés ; 7 membres de l'enseignement public, 4 de l'enseignement libre, etc.

. . . .

Art. 4. — « Le conseil supérieur peut être appelé à donner son avis sur des projets de loi, de règlements et de décrets...

« Il est nécessairement appelé à donner son avis sur les règlements relatifs aux examens, aux concours et aux programmes d'études dans les écoles publiques, à la surveillance des écoles libres et en général sur tous les arrêtés portant règlement pour les établissements d'instruction publique, sur la création des facultés, lycées et collèges, sur les secours et encouragements à accorder aux établissements libres d'instruction secondaire, sur les livres qui peuvent être introduits dans les écoles publiques et sur ceux qui doivent être défendus dans les écoles libres comme contraires à la morale, à la constitution et aux lois.

« Il prononce en dernier ressort sur les jugements rendus par les conseils départementaux ou académiques..., toutefois il ne peut prononcer définitivement l'interdiction de l'enseigne-

Biétry   8.

ment libre que si la décision est prise aux deux tiers des suffrages .. (1) ».

12 JUILLET 1875. — LOI SUR L'ENSEIGNEMENT SUPÉRIEUR

Article premier. — « L'enseignement supérieur est libre. »

Art. 2. — « Tout Français âgé de vingt-cinq ans, n'ayant encouru aucune des incapacités prévues par l'article 8 de la présente loi, les associations formées légalement dans un dessein d'enseignement supérieur pourront ouvrir librement des cours et des établissements d'enseignement supérieur.

. . . .

Art. 3. — (Ils devront faire une déclaration.)

Art. 4-6. — (Les établissements libres d'enseignement supérieur devront être administrés par trois personnes au moins. La liste des professeurs sera communiquée aux autorités. L'installation matérielle devra être suffisante.)

Art. 7. « — Les cours ou établissements libres d'enseignement supérieur seront toujours ouverts et accessibles aux délégués du ministre de l'Instruction publique.

« La surveillance ne pourra porter sur l'enseignement que pour vérifier s'il n'est pas contraire à la morale, à la constitution et aux lois. »

Art. 8. — (Sont incapables d'ouvrir un cours,

1. Buisson. *Dictionnaire de pédagogie*, p. 1697-1698.

ou d'administrer ou de professer ceux qui ne jouissent pas, ou ont été privés de leurs droits civils, civiques ou de famille ou ont été l'objet de certaines condamnations.)

. . . .

Art. 10. — « L'article 291 du Code pénal n'est pas applicable aux associations formées pour créer et entretenir des cours ou établissements d'enseignement supérieur.

Il devra être fait une déclaration.

Art. 11. — « Les établissements d'enseignement supérieur fondés ou les associations formées en vertu de la présente loi, pourront, sur leur demande, être déclarés établissements d'utilité publique, dans les formes voulues par la loi... »

(Art. 13-15. — Les élèves des facultés libres pourront se présenter pour les examens, soit devant les facultés de l'Etat, soit devant le jury spécial composé de professeurs des facultés de l'Etat et de professeurs d'Universités libres (1).

En mars 1877, une proposition de loi déposée par M. Barodet sur la réforme de l'enseignement primaire, devait mettre le feu aux poudres jusqu'à l'heure actuelle. La dissolution de la Chambre empêcha la proposition Barodet de suivre son cours normal. Deux ans (2) après M. Paul Bert déposait au nom de la commis-

1. *Officiel* du 27 juillet 1875.
2. Duvergier, t. LXXVI, année 1886, p. 380.

sion chargée de l'étudier un rapport tendant à l'adoption d'un projet comprenant 109 articles. La discussion donna lieu à différentes propositions et modifications. Nous rappelons pour mémoire le langage de Jules Ferry en 1879, lors de la discussion du fameux article 7 qui interdisait à toute congrégation non autorisée le droit de donner l'éducation et l'enseignement. Le ministre de l'Instruction publique de cette époque (1), combattant un amendement de M. Madier de Montjau qui proscrivait toutes les congrégations autorisées s'exprimait ainsi: « L'amendement de M. Madier de Montjau est donc excessif. De plus, messieurs, il n'est pas juste. En s'appliquant au clergé entier, il frappe des hommes dont la rétribution locale est irréprochable, des hommes qui possèdent la plénitude des droits du citoyen, des fonctionnaires de l'Etat, de ceux que Mirabeau décorait du beau nom « d'officiers de morale ».

LE 27 FÉVRIER 1880. — LOI RELATIVE AU CONSEIL SUPÉRIEUR DE L'INSTRUCTION PUBLIQUE ET AUX CONSEILS ACADÉMIQUES.

Article premier. — Le *conseil supérieur de l'instruction publique* est composé comme il suit :

Le ministre, président ;

Cinq membres de l'Institut ;

Neuf conseillers ;

1. *Ibid.*

Des professeurs des différentes écoles, facultés, etc., et des délégués des diverses grandes institutions ;

Six membres de l'enseignement primaire élus.

Quatre membres de l'enseignement libre, nommés par le Président de la République sur la proposition du ministre.

Art. 2. — Tous les membres du conseil sont élus pour quatre ans.

Art. 3. — Les 9 membres nommés conseillers par le Président de la République et 6 conseillers que le ministre désignera... constituent une section permanente.

« Art. 4. — (La section permanente prépare les travaux du conseil).

« Art. 5. — Le conseil donne son avis sur les programmes, méthodes d'enseignement, modes d'examens, règlements administratifs et disciplinaires relatifs aux écoles publiques.

« Sur les règlements relatifs aux examens et à la collation des grades.

« Sur les règlements relatifs à la surveillance des écoles libres.

« Sur les livres d'enseignement, de lecture et de prix qui doivent être interdits dans les écoles libres comme contraires à la morale, à la constitution et aux lois.

« Sur les règlements relatifs aux demandes formées par les étrangers pour être autorisés à enseigner, à ouvrir ou à diriger une école. »

Art. 6.

« Art. 7. — Le conseil statue en appel et en dernier ressort sur les jugements rendus par les conseils académiques en matière contentieuse ou disciplinaire.

« Il statue également en appel et en dernier ressort sur les jugements rendus par les conseils départementaux, lorsque ces jugements prononcent l'interdiction absolue d'enseigner contre un instituteur primaire, public ou libre.

. . . .

« Art. 9. — Il est institué au chef-lieu de chaque académie un conseil académique composé :
« Du recteur, président.
« Des inspecteurs d'académie.
(De doyens, professeurs, proviseurs, etc., et de deux membres des conseils généraux et municipaux.)

. . . .

Art. 11. — (Il s'occupe de la surveillance et du contrôle de l'enseignement public).

« Il est saisi par le ministre des affaires contentieuses ou disciplinaires qui sont relatives à l'enseignement secondaire, public ou libre, il les instruit et il prononce, sauf recours au conseil supérieur, les décisions et les peines à appliquer. »

(L'appel au conseil supérieur sera suspensif, sauf dans le cas de spécification contraire.)

« Les membres de l'enseignement public ou

libre, traduits devant le conseil académique ou le conseil supérieur, ont le droit de prendre connaissance du dossier, de se défendre ou de se faire défendre de vive voix, ou au moyen de mémoires écrits.

« Pour les affaires contentieuses ou disciplinaires intéressant les membres de l'enseignement libre, supérieur ou secondaire, deux membres de l'enseignement libre, nommés par le ministre, sont adjoints au conseil académique. »

Art. 12-16 et dernier. — (Concernent l'enseignement public) (1).

Bientôt après l'Etat se réserve par une loi la collation des grades *qui ne peuvent être obtenus que devant ses facultés* :

18 MARS 1880. — LOI SUR L'ENSEIGNEMENT SUPÉRIEUR

Article premier — « Les examens et épreuves pratiques qui déterminent la collation des grades ne peuvent être subis que devant les facultés de l'Etat. »

Art. 5. — « Les titres ou grades universitaires ne peuvent être attribués qu'aux personnes qui les ont obtenus après les examens ou les concours réglementaires subis devant les professeurs ou les jurys de l'Etat. »

Art. 7. — « Aucun établissement d'enseignement libre, aucune association formée en vue de

1. *Officiel* du 28 février 1880.

l'enseignement supérieur ne peut être reconnuc d'utilité publique qu'en vertu d'une loi (1). »

Le même mois de mars à dix jours de distance, le joug de l'Etat se resserrait sur les congréga- tions religieuses.

CONTRE LES CONGRÉGATIONS

Décret du 29 mars 1880

Le recensement des congrégations, précurseur de leur expulsion va se précisant :

Article premier. — « Toute congrégation ou communauté non autorisée est tenue, dans le délai de trois mois à dater du jour de la promulga- tion du présent décret, de faire les diligences ci-dessous spécifiées, à l'effet d'obtenir la vérifi- cation et l'approbation de ses statuts et règle- ments et la reconnaissance légale pour chacun de ses établissements actuellement existants de fait.

Art. 2. — (Dépôt de la demande .

Art. 3.— « A l'égard des congrégations d'hom- mes il sera statué par une loi.

« A l'égard des congrégations de femmes, sui- vant les cas et les distinctions établies par la loi du 24 mai 1825 et par le décret du 31 janvier 1852, il sera statué par une loi ou par un décret rendu en Conseil d'Etat.

1. *Officiel* du 19 mars 1880.

Art. 4. — « Pour les congrégations qui, aux termes de l'article 2 de la loi du 24 mai 1825 et du décret du 31 janvier 1852 peuvent être autorisées par décret rendu en Conseil d'Etat, les formalités à suivre pour l'instruction de la demande seront celles prescrites par l'article 3 de la loi précitée de 1825, auquel il n'est rien innové. »

Art. 5. — « Pour toutes les autres congrégations, les justifications à produire à l'appui de la demande d'autorisation sont celles énoncées ci-dessous. »

Art. 6. — La demande d'autorisation devra contenir la désignation du supérieur ou des supérieurs, la détermination du lieu de cette résidence est et restera fixée en France. Elle devra indiquer si l'association s'étend à l'étranger, ou si elle est renfermée dans le territoire de la République. »

Art. 7. — « A la demande d'autorisation devront être annexés : 1º la liste nominative de tous les membres de l'association, cette liste devra spécifier pour chaque membre quel est le lieu de son origine et s'il est Français ou étranger ; 2º l'état de l'actif et du passif, ainsi que des revenus et charges de l'association et de chacun de ses établissements ; 3º un exemplaire des statuts et règlements.

Art. 8. — « L'exemplaire des statuts dont la production est requise devra porter l'approba-

Biétry9

tion des évêques des diocèses dans lesquels l'association a des établissements, et contenir la clause que la congrégation ou communauté est soumise, dans les choses spirituelles, à la juridiction de l'ordinaire. »

Art. 9. — « Toute congrégation ou communauté qui, dans le délai ci-dessus imparti, n'aura pas fait la demande d'autorisation avec les justifications à l'appui, encourra l'application des lois en vigueur. »

Art. 10. — (Exécution du décret.)

GRATUITÉ DE L'ENSEIGNEMENT

Enfin, le 16 juin 1881, sont promulguées les lois relatives aux titres de capacité de l'enseignement primaire et à la gratuité absolue de l'enseignement primaire dans les écoles publiques.

Loi relative aux titres de capacité de l'enseignement primaire

Article premier. — « Nul ne peut exercer les fonctions d'instituteur et d'institutrice titulaire, d'instituteur adjoint chargé d'une classe, dans une école publique ou libre, sans être pourvu du brevet de capacité pour l'enseignement primaire.

« Toutes les équivalences admises par le paragraphe 2 de l'article 25 de la loi du 15 mars 1850 sont abolies.

Art. 2. — « Nulle ne peut exercer les fonctions de directrice ou de sous-directrice de salles d'asiles publiques ou libres sans être pourvue du certificat d'aptitude à la direction des salles d'asiles, institué par l'article 20 § 1, du décret du 21 mars 1855. »

Art. 3. — « Les personnes exerçant ces différentes fonctions auront un an pour obtenir les certificats exigés ci-dessus ».

Art. 4. — « Les dispositions de cette loi ne s'appliquent pas aux directeurs d'écoles publiques ou libres qui exerçaient leurs fonctions à la date du 1er janvier 1881 en vertu des équivalences établies par la loi Falloux, ni aux directrices d'écoles comptant plus de trente-cinq ans d'âge et cinq ans de direction, ni aux adjoints ou adjointes se trouvant dans les mêmes conditions, sans que cette exemption leur permette de devenir directeurs (1).

Loi établissant la gratuité absolue de l'enseignement primaire dans les écoles publiques

Article premier. — « Il ne sera plus perçu de rétribution scolaire dans les écoles primaires publiques ni dans les salles d'asiles publiques. »

(Les articles suivants concernent les ressources que les communes devront se procurer).

1. Buisson. *Dictionnaire de pédagogie*, t. II, p. 1704-1705.

L'ÉCOLE OBLIGATOIRE

Un an après, l'enseignement devenait obligatoire et laïque, exclusivement, réservant cependant le droit aux écoles libres d'enseigner la religion.

Loi de 28 mars 1882

ARTICLE PREMIER. — L'enseignement primaire comprend : l'instruction morale et civique ; la lecture et l'écriture ; la langue et les éléments de la littérature française ; la géographie et particulièrement celle de la France ; l'histoire, particulièrement celle de la France jusqu'à nos jours ; quelques notions usuelles de droit et d'économie politique ; les éléments des sciences naturelles, physiques et mathématiques ; leurs applications à l'agriculture, à l'hygiène, aux arts industriels, travaux manuels et usage des outils des principaux métiers ; les éléments du dessin, du modelage et de la musique ; la gymnastique : pour les garçons, les exercices militaires ; pour les filles les travaux à l'aiguille. L'article 23 de la loi du 15 mars 1850 est abrogé.

ART. 2. — Les écoles primaires publiques vaqueront un jour par semaine en outre du dimanche, afin de permettre aux parents de faire donner, s'ils le désirent à leurs enfants, l'instruction religieuse, en dehors des édifices scolaires. L'enseignement religieux est facultatif dans les écoles privées.

ART. 3. — Sont abrogées les dispositions des articles 18 et 44 de la loi du 15 mars 1850, en ce qu'elles donnent aux ministres des cultes un droit d'inspection, de surveillance et de direction dans les écoles primaires publiques et privées et dans les salles d'asile, ainsi que le paragraphe 2 de l'article 31 de la même loi qui donne aux consistoires le droit de présentation pour les instituteurs appartenant aux cultes non catholiques.

Art. 4. — L'instruction primaire est obligatoire pour
les enfants des deux sexes âgés de six ans révolus à
treize ans révolus ; elle peut être donnée soit dans les
établissements d'instruction primaire ou secondaire,
soit dans les écoles publiques ou libres, soit dans les
familles, par le père de famille lui-même ou par toute
autre personne qu'il aura choisie. Un règlement déterminera les moyens d'assurer l'instruction primaire aux
enfants sourds-muets et aveugles.

Art. 5. — Une commission municipale scolaire est
instituée dans chaque commune pour surveiller et encourager la fréquentation des écoles. Elle se compose du
maire, président ; d'un des délégués du canton, et, dans
les communes comprenant plusieurs cantons, d'autant de
délégués qu'il y a de cantons, désignés par l'inspecteur d'académie : de membres désignés par le conseil
municipal en nombre égal, au plus, au tiers des membres de ce conseil. A Paris et à Lyon, il y a une commission pour chaque arrondissement municipal. Elle est
présidée, à Paris, par le maire ; à Lyon, par un des
adjoints ; elle est composée d'un des délégués cantonaux,
désigné par l'inspecteur d'académie, de membres désignés par le conseil municipal, au nombre de trois à sept
par chaque arrondissement. Le mandat des membres
de la commission scolaire désignés par le conseil municipal durera jusqu'à l'élection d'un nouveau conseil
municipal. Il sera toujours renouvelable. L'inspecteur
primaire fait partie de droit de toutes les commissions
scolaires instituées dans son ressort.

Art. 6. — Il est institué un certificat d'études primaires ; il est décerné après un examen public auquel pourront se présenter les enfants dès l'âge de onze ans. Ceux
qui, à partir de cet âge, auront obtenu le certificat d'études primaires, seront dispensés du temps de scolarité
obligatoire qui leur restait à passer.

Art. 7. — Le père, le tuteur, la personne qui a la
garde de l'enfant, le patron chez qui l'enfant est placé,
devra, quinze jours au moins avant l'époque de la rentrée des classes, faire savoir au maire de la commune
s'il entend faire donner à l'enfant l'instruction dans la

famille ou dans une école publique ou privée ; dans ces deux derniers cas, il indiquera l'école choisie. Les familles domiciliées à proximité de deux ou plusieurs écoles publiques ont la faculté de faire inscrire leurs enfants à l'une ou à l'autre de ces écoles, qu'elles soient ou non sur le territoire de leurs communes, à moins qu'elle ne compte déjà le maximum d'élèves autorisé par les règlements. En cas de contestation, et sur la demande soit du maire, soit des parents, le conseil départemental statue en dernier ressort.

Art. 8. — Chaque année, le maire dresse, d'accord avec la commission municipale scolaire, la liste de tous les enfants âgés de six à treize ans, et avise les personnes qui ont charge de ces enfants à l'époque de la rentrée des classes. En cas de non-déclaration, quinze jours avant l'époque de la rentrée, de la part des parents et autres personnes responsables, il inscrit d'office l'enfant à l'une des écoles publiques et en avertit la personne responsable. Huit jours avant la rentrée des classes, il remet aux directeurs d'écoles publiques et privées la liste des enfants qui doivent suivre leurs écoles. Un double de ces listes est adressé par lui à l'inspecteur primaire.

Art. 9. — Lorsqu'un enfant quitte l'école, les parents ou les personnes responsables doivent en donner immédiatement avis au maire et indiquer de quelle façon l'enfant recevra l'instruction à l'avenir.

Art. 10. — Lorsqu'un enfant manque momentanément à l'école, les parents ou les personnes responsables doivent faire connaître au directeur ou à la directrice les motifs de son absence. Les directeurs et les directrices doivent tenir un registre d'appel qui constate, pour chaque classe, l'absence des élèves inscrits.

A la fin de chaque mois, ils adresseront au maire et à l'inspecteur primaire un extrait de ce registre, avec l'indication du nombre des absences et motifs invoqués. Les motifs d'absence seront soumis à la commission scolaire. Les seuls motifs réputés légitimes sont les suivants : maladie de l'enfant, décès dans la famille, empêchements résultant de la difficulté accidentelle des

communications. Les autres circonstances exception-
nellement invoquées seront également appréciées par la
commission.

Art. 11. — Tout directeur d'école privée qui ne se
sera pas conformé aux prescriptions de l'article précédent sera, sur le rapport de la commission scolaire et
de l'inspecteur primaire, déféré au conseil départemental. Le conseil départemental pourra prononcer les
peines suivantes : 1° l'avertissement; 2° la censure ; 3° la
suspension pour un mois au plus, et, en cas de récidive
dans l'année scolaire, pour trois mois au plus.

Art. 12. — Lorsqu'un enfant se sera absenté de l'école
quatre fois dans le mois, pendant au moins une demi-
journée, sans justification admise par la commission
municipale scolaire, le père, le tuteur ou la personne
responsable sera invité, trois jours au moins à l'avance,
à comparaître dans la salle des actes de la mairie devant
ladite commission, qui lui rappellera le texte de la loi
et lui expliquera son devoir. En cas de non-comparu-
tion, sans justification admise, la commission appliquera la peine énoncée dans l'article suivant.

Art. 13. — En cas de récidive dans les douze mois qui
suivront la première infraction, la commission municipale scolaire ordonnera l'inscription, pendant quinze
jours ou un mois, à la porte de la mairie, des noms, prénoms et qualités de la personne responsable, avec indication du fait relevé contre elle. La même peine sera
appliquée aux personnes qui n'auront pas obtempéré
aux prescriptions de l'article 9.

Art. 14. — En cas d'une nouvelle récidive, la commission scolaire ou, à son défaut, l'inspecteur primaire devra adresser une plainte au juge de paix. L'infraction
sera considérée comme contravention et pourra entraîner
condamnation aux peines de police, conformément aux
articles 477, 480 et suivants du Code pénal. L'article 463
du même Code est applicable.

Art. 15. — La Commission scolaire pourra accorder
aux enfants demeurant chez leurs parents ou leur tuteur,
lorsque ceux-ci en feront la demande motivée, des dis-

penses de fréquentation scolaire ne pouvant dépasser trois mois par année en dehors des vacances.

Ces dispenses devront, si elles excèdent quinze jours, être soumises à l'approbation de l'inspecteur primaire. Ces dispositions ne sont pas applicables aux enfants qui suivront leurs parents ou tuteurs, lorsque ces derniers s'absenteront momentanément de la commune. Dans ce cas, un avis donné verbalement ou par écrit au maire ou à l'instituteur suffira. La commission peut aussi, avec l'approbation du conseil départemental, dispenser les enfants employés dans l'industrie, et arrivés à l'âge de l'apprentissage, d'une des deux classes de la journée, la même faculté sera accordée à tous les enfants employés, hors de leur famille, dans l'agriculture.

Art. 16. — Les enfants qui reçoivent l'instruction dans la famille doivent, chaque année, à partir de la fin de la deuxième année d'instruction obligatoire, subir un examen qui portera sur les matières de l'enseignement correspondant à leur âge dans les écoles publiques, dans les formes et suivant des programmes qui seront déterminés par arrêtés ministériels rendus en Conseil supérieur. Le jury d'examen sera composé de : l'inspecteur primaire ou son délégué, président ; un délégué cantonal, une personne munie d'un diplôme universitaire ou d'un brevet de capacité ; les juges seront choisis par l'inspecteur d'académie. Pour l'examen des filles, la personne brevetée devra être une femme. Si l'examen de l'enfant est jugé insuffisant et qu'aucune excuse ne soit admise par le jury, les parents sont mis en demeure d'envoyer leur enfant dans une école publique ou privée dans la huitaine de la notification et de faire savoir au maire quelle école ils ont choisie. En cas de non-déclaration, l'inscription aura lieu d'office, comme il est dit à l'article 8.

Art. 17. — La caisse des écoles, instituée par l'article 15 de la loi du 10 avril 1867 sera établie dans toutes les communes. Dans les communes subventionnées dont le centime n'excède pas 30 francs, la caisse aura droit, sur le crédit ouvert pour cet objet au ministère de l'instruction publique, à une subvention au moins

égale au montant des subventions commerciales. La répartition des secours se fera par les soins de la commission scolaire.

Art. 18. — Des arrêtés ministériels, rendus sur la demande des inspecteurs d'académie et des conseils départementaux, détermineront chaque année les communes où, par suite d'insuffisance des locaux scolaires,
les prescriptions des articles 14 et suivants sur l'obligation ne pourraient être appliquées. Un rapport annuel,
adressé aux chambres par le ministre de l'Instruction
publique, donnera la liste des communes auxquelles
le présent article aura été appliqué.

*
* *

Nous avons cru indispensable de mettre *in
extenso*, dans notre exposé des motifs, cette
loi de mars 1882 ; d'abord pour éviter des recherches à ceux qui seraient tentés de comparer son
contenu à la rédaction que nous proposons
pour la séparation des écoles et de l'Etat. Ensuite, parce que sur bien des points on verra
mieux, ainsi, ceux des principes communs qui
animent nos textes et ceux de la loi de 1882, lesquels visent cependant des résultats différents.

Il était bon aussi, après le résumé des décrets,
lois, etc., qui, depuis le vote de la loi Falloux, ont
profondément modifié l'esprit et la lettre de la
législation sur l'enseignement, de comparer le
point d'arrivée au point de départ.

Par des « émondages successifs », ainsi que le
disait récemment notre honorable collègue,
M. Aynard, à la tribune du Parlement, la loi
Falloux a totalement disparu de l'enseignement

-primaire, et elle existe encore à peine, dans son principe de liberté, pour l'enseignement secondaire.

Ici nous touchons à l'actualité, à la période de lutte que nous traversons. Aussi nous ne croyons pas pouvoir en donner un meilleur résumé que le plus officiellement récent, celui de M. Aynard, à la séance de la Chambre des députés du 24 janvier 1910. Nous empruntons cet extrait à l'*Officiel* portant la date du 25 janvier :

« Ensuite qu'a-t-on fait ? Vous avez proclamé la laïcisation générale, vous avez exclu les instituteurs congréganistes des écoles publiques tout en proclamant solennellement, par la loi de 1886, leur droit entier à la liberté, puis vous avez fait une loi sur les associations, loi qui, s'inspirant du principe de liberté, a eu ce singulier résultat, tout en permettant de créer de nouvelles associations, de tuer tout d'abord un grand nombre d'associations existantes: c'est-à-dire les congrégations.

« Ne pouvant combattre la liberté d'enseignement de front — car il y a longtemps qu'elle était visée et je rappelle que nous avons eu à repousser quatre assauts dans la législature de 1898 et 1902 — ne pouvant, dis-je, plus l'aborder en face, vous l'avez saisie d'une manière oblique. Au lieu de discuter la liberté d'enseignement par elle-même, de discuter franchement s'il convenait de la supprimer ou de la maintenir, vous avez agi par la voie subreptice de la loi des associations.

« On s'est ainsi défait de la liberté religieuse en même temps que de la liberté d'enseignement. (*Bruit à gauche*).

« Il ne faut pas protester. Je vais vous dire tout de suite pourquoi. Vous avez dit : Non, nous ne touchons pas à la liberté d'enseignement, nous nous bornons à supprimer les congréganistes, c'est-à-dire ceux qui s'en servent. Comment appelez-vous ce procédé ? (*Applaudissements au centre et à droite*).

« Je vous assure que j'avais quelque honte à vous entendre vous vanter d'avoir fermé 20.000 ou 25.000 écoles dans ce pays et d'avoir ainsi conquis des élèves en masse. Vous les avez fermées par la ruse légale et par force ; vous n'avez pas discuté un principe d'enseignement, vous avez laissé les murs de l'école debout, mais vous en avez chassé les maîtres. Ça a été un véritable attentat contre la liberté religieuse, que nous avons défendue et défendrons encore, ce n'est pas une liberté particulière, c'est la liberté générale dans laquelle se confond la liberté des catholiques. (*Applaudissements sur les mêmes bancs.*)

« Vous avez ainsi atteint votre but. Je ne sais pas du tout pourquoi vous voulez abuser de votre force et pousser ce triomphe jusqu'à l'absolu, car on a dit avec raison que rien n'était plus funeste au triomphateur que son triomphe absolu; on en meurt.

« Dans l'enseignement secondaire, par la suppression des congrégations, vous avez détruit les organisations et supprimé une bonne partie des professeurs. Un certain nombre se sont sécularisés au prix d'entraves sans nombre. Dans l'enseignement primaire, le désastre a été encore plus grand.

« Que reste-t-il dès lors ? Un enseignement d'Etat, qui est dominant, qui est fort, qui a tout entre les mains, et je m'étonne beaucoup de voir que dans le discours de l'honorable président du conseil, auquel je réponds en ce moment-ci, dans ce savant équilibre d'arguments alternatifs qu'on y découvre, qu'il trouve tantôt que l'Eglise — et il généralisait singulièrement, je le dirai dans un instant, sur cette question — était une force qu'on ne saurait assez redouter, et, dans les autres passages de son discours, que l'Eglise avait perdu la partie, que c'était une quantité négligeable ; d'autres honorables membres ayant la parole plus fruste disaient auparavant que l'Eglise était à l'agonie.

« Pourquoi brandir de telles armes, pourquoi pousser de tels cris d'alarmes contre des personnes qui sont à l'agonie ?

« Non, elles ne sont pas à l'agonie. Mais vous avez cherché à les y amener, à la faveur de ces lois successives dont je reprends l'énumération.

Vous avez achevé les congrégations par un moyen qui jusqu'à présent était inconnu dans les Chambres qui respectent leurs propres opinions.

« La loi de 1901 édictait que des autorisations seraient données et par la loi de 1902 elles ont été toutes refusées.

A droite. — C'est cela ! — Très bien !

M. Aynard. — Il est impossible de plus mépriser ses propres opinions que la Chambre de 1902 ne l'a fait dans cette circonstance.

« Et enfin des congrégations, telles que celles des Frères des Ecoles chrétiennes, dont l'autorisation datait de plus d'un siècle par suite de la destruction de tous les ordres enseignants.

« Quelle est ainsi la situation de l'enseignement libre, privé de tous ses moyens d'action, qui se concentraient à peu près uniquement dans les congrégations? Nous avons organisé légalement sa ruine.

« Vous parlez du monopole de l'enseignement; vous nous en menacez, pas M. le président du conseil — je m'expliquerai tout à l'heure sur ce point — au contraire vous vous y déclarez contraire; vous nous le concédez péniblement, avec les réticences qu'indiquait tout à l'heure M. Jaurès, vous n'en voulez point pour le moment; mais vers le monopole de l'enseignement, grâce à vos lois draconniennes par lesquelles vous avez supprimé ceux qui pouvaient se servir de la liberté de l'enseignement, votre course est aux trois quarts faite et je ne sais pas vraiment pourquoi vous ne voulez pas aller jusqu'au bout?

« Vous avez parlé de deux monopoles, monsieur le président du conseil, vous avez partiellement raison ; il y a deux monopoles, quoique l'expression soit assez bizarre ; je laisse aux grammairiens le droit de choisir un autre terme pour expliquer ce que c'est que « deux monopoles » ; d'autant plus qu'il pourrait y en avoir trois ! Mais l'un des deux monopoles est écrasé par l'autre.

« On sait que peu à peu — et ici je ne fais que de l'histoire — la loi Falloux avait développé considérablement l'enseignement congréganiste, surtout dans les écoles primaires. C'est donc par le jeu de cette loi que se sont développées, front contre front, les écoles de l'Etat et les écoles libres pouvant au reste comprendre les acceptations les plus diverses mais qui, au fond, étaient pour la plupart des écoles religieuses.

« Si on consulte les statistiques du temps de Louis-Philippe, on est étonné de voir le nombre des établissements d'enseignement primaire et secondaire libres et laïques, qui étaient aussi souvent des établissements de préparation aux lycées qui ont disparu par l'établissement de la loi Falloux.

« De plus en plus, il ne subsiste plus que deux catégories d'enseignement. Mais la situation actuelle s'est aggravée par le fait de ce partage.

« Vous supprimiez les congrégations alors que la gratuité de l'enseignement public était devenue la loi. Vous exercez donc, permettez-moi la vulgarité du mot s'appliquant à une chose morale, vous exercer une industrie pour rien. Dès lors personne ne pouvait exercer l'industrie scolaire, au sens matériel et moral du mot, nul ne pouvait aller contre l'industrie scolaire d'Etat, il ne pouvait y avoir contre elle que la force de l'association religieuse, des congrégations, des organisations déjà établies, de personnes ayant déjà des ressources acquises, ayant une influence religieuse sur leurs coreligionnaires, pouvant en obtenir des sacrifices, pouvant subsister à côté de vous parce qu'elles ne se proposaient pas le gain, mais le sacrifice à une idée.

« C'est précisément parce que, lorsque vous avez abattu les organisations religieuses scolaires, vous saviez qu'il ne pourrait se substituer à leurs écoles que des écoles qui ne pourraient pas vivre par leurs propres forces en raison de la gratuité, c'est précisément pour cela que vous deviez hésiter encore davantage à les abattre. Si vous agissiez ainsi vis-à-vis de toutes les industries du pays, si vous supprimiez la concurrence par les moyens d'une industrie gratuite d'Etat, cela équivaudrait à une confiscation de toutes les industries, vous exerceriez un monopole général.

« Le monopole de fait est dès à présent à peu près entre les mains de l'Etat. Et vous voulez faire disparaître les derniers vestiges de la liberté d'enseignement. Encore une fois, plus l'enseignement public primaire était gratuit, moins il pouvait être rémunérateur pour ceux qui voulaient s'y exposer, plus vous deviez apporter de réserve, d'esprit de justice dans la lutte avec vos concurrents.

« C'est le contraire qui a été fait.

« Et maintenant que nous sommes sur cette table plus qu'à moitié rase, vous parlez de prendre certaines mesures — que nous examinerons lorsque les projets de loi se présenteront devant nous — pour enlever aux dernières écoles la chance de subsister, en élevant contre elles toute espèce d'entraves. Comme le disait un publiciste de beaucoup d'esprit, pourquoi parler de monopole ? Le meilleur des monopoles, c'est encore une bonne inspection. (*Rires*).

« Les hommes religieux de ce pays sont obligés maintenant d'entretenir leurs prêtres, puis leurs écoles ; là ils payent deux fois. Ayant supprimé ces organisations religieuses qui avaient des moyens de défense particulière que ne retrouveront pas ceux qui leur succéderont, on a créé ainsi l'impossibilité à peu près totale d'user de la liberté d'enseignement qui est une des plus essentielles garanties de la liberté religieuse.

« Vous avez pratiqué une sorte de *Kulturkampf* sournois, vous vous êtes acheminés à pas comptés, mais sûrs, vers le but que vous venez d'atteindre et c'est alors qu'on vient dénoncer le formidable complot de l'Eglise affaiblie contre toutes les écoles de l'Etat triomphant !

« Ce que je viens de dire, messieurs, a pour but de vous permettre de comparer tout ce que vous avez conquis, tout ce que vous possédez, tout ce qui reste aujourd'hui comme moyen d'action à ceux qui veulent l'école libre. »

En utilisant pour les besoins de la *séparation des Ecoles et de l'Etat* ce document parlementaire qui n'était pas destiné à nous servir, mais dont la valeur en est par là-même augmentée, d'autant plus qu'il s'agit, exclusivement, du problème de l'Enseignement, nous avons surtout voulu montrer que les esprits les plus modérés, élèvent leurs critiques au diapason des nôtres. Qu'on le veuille ou point, les problèmes de la liberté et du monopole sont aux prises ; le moment nous paraît d'autant mieux choisi et d'autant plus solennel pour essayer d'y trouver une solution.

La loi de 1886 à laquelle M. Aynard fait allusion dans l'extrait que nous citons et dont il fait l'éloge, était cependant exclusivement laïque ;

l'article 17 dit : « Dans les écoles publiques de tout ordre l'enseignement est exclusivement confié à un personnel laïque. »

A la Chambre Mgr Freppel a demandé la suppression de cet article dont il a signalé la contradiction avec l'article suivant ainsi conçu :

Art. 18. — Aucune nomination nouvelle soit d'instituteur, soit d'institutrice congréganiste, ne sera faite dans les départements où fonctionnera depuis quatre ans, une école normale, soit d'instituteurs, soit d'institutrices, en conformité avec l'article 1 de la loi du 9 août 1879. Pour les écoles de garçons la substitution du personnel laïque au personnel congréganiste devra être complète dans un laps de cinq ans après la promulgation de la présente loi. »

« Si ce personnel, dit Mgr Freppel, est ce que vous pensez, et ce que vous dites dans votre rapport ; si les instituteurs et les institutrices congréganistes ne peuvent plus diriger les écoles d'où l'instruction religieuse est bannie ; si l'obéissance qui les lie envers leurs supérieurs conventuels est incompatible avec la soumission qu'ils doivent à leurs chefs universitaires, s'ils — et je me sers de vos expressions — sont peu propres à préparer les enfants à la vie de famille et à l'activité sociale, à former des hommes libres et même à parler de Patrie ; s'ils sont indignes ou incapables par cela seul qu'à côté de la loi civile, ils obéissent à la loi religieuse ; si, en un mot, le personnel des congrégations religieuses est aussi détestable, aussi dangereux pour l'ordre politique et social que vous le prétendez, ce n'est pas dans un délai de cinq ans ou de deux ans, c'est immédiatement qu'il faut les exclure des Ecoles publiques. »

Nous passons sans insister sur les autres lois de 1898 et 1902, sur la loi de 1905 et ses modifications, afin de ne pas réveiller toute la question de la séparation des Eglises et de l'Etat, au moment où la séparation des Ecoles et de l'Etat se présente comme un complément pacificateur de la précédente.

RÉSUMÉ DES LOIS ANALYSÉES
DANS CET EXPOSÉ DES MOTIFS

Messieurs,

Au point de vue politique, il vous apparaîtra clairement, à la lecture de l'ensemble de l'exposé des motifs qui précède, ainsi qu'à l'étude de la proposition de loi qui en est la conséquence, combien nos prétentions sont modestes.

Nous n'avons en vue qu'un seul but, celui de servir notre pays et à la fois la liberté sous toutes ses formes respectables.

Aucun parti politique ne peut faire sien, exclusivement, le principe de la liberté d'enseignement, car tous les partis, tous les pouvoirs, tous les gouvernements : *La Révolution*, la République, l'Empire, la Monarchie ont commencé par vouloir le MONOPOLE, mais tous aussi durent céder peu à peu le terrain et reculer devant la liberté conquérante.

On aurait pu dire sans les néfastes entreprises des sectaires contre lesquelles notre proposition élève sa digue, que la République fut, de tous les régimes, celui qui s'accommoda le mieux de la liberté d'enseignement et que la République en fut même la créatrice.

Nous avons vu, en 1793, la Convention terminer par la liberté d'enseignement un débat suscité par une proposition qui tendait à «monopoliser les enfants » et à en faire la chose de l'Etat jusqu'à la sortie de l'école.

Napoléon,pour vaincre l'anarchie,fit le monopole de l'enseignement.

La Restauration le conserva.

La Monarchie de Juillet l'atténua un peu et d'ailleurs l'article 60 de la charte de 1830 disait : Il sera pourvu dans le plus court délai possible... 8⁰ L'instruction publique et la liberté d'enseignement...

La république de 1848 fit la liberté par la loi Falloux.

Comment la troisième république assumerait-elle devant l'histoire la responsabilité de remonter son propre courant, de marcher sur ses principes essentiels proclamés intangibles par ses meilleurs partisans, depuis cent vingt ans, et si elle ose le faire, par quels moyens espère-t-elle étouffer les revendications légitimes des hommes qu'elle aura bâillonné ?

Voilà la question. Et nous dire que cette question est mal posée, sous le prétexte que le *monopole de fait,* le *monopole légal,* n'existe pas encore, n'est pas une réponse. Cette fin de non-recevoir ne peut être considérée ni comme satisfaisante pour les principes de la liberté, ni comme une réponse « honnête », ni comme une déclaration capable d'apaiser les consciences et de rassurer les pères de famille justement alarmés.

Il appert des récents débats au Parlement et des déclarations du président du conseil, ainsi que du ministre de l'Instruction publique, autant que des protestations des défenseurs de la liberté, ceci :

Non seulement, dans la pratique, il est impossible pour une catégorie de citoyens de donner à leurs enfants l'enseignement de leur choix, mais malgré les protestations des pères de famille, l'Etat et ses instituteurs donnent un enseignement à eux sur lequel ils ne supportent aucun contrôle.

Cette façon autocratique couverte et encouragée par la majorité politique et le gouvernement qui consiste à imposer un *credo* et leurs propres conceptions aux enfants sans contrôle extérieur aux instituteurs et à l'Etat, est d'autant plus abusive et cruelle qu'elle est sans précédent.

Sous tous les régimes, dans toutes les lois que nous avons pris soin d'analyser dans cet exposé des motifs sans en oublier, nous l'espérons, aucun, on verra que le contrôle du père de famille fut toujours reconnu.

Si on ajoute que pour la première fois l'éloignement du père de famille du contrôle de l'enseignement donné à son enfant coïncide avec l'entreprise non dissimulée de bannir Dieu et surtout la foi catholique (qui est celle de la majorité des Français) des écoles françaises, personne ne pourra s'étonner sincèrement de l'émotion qui, peu à peu, a gagné le pays, posant ainsi au premier plan des préoccupations de tous la solution du problème scolaire.

On verra aussi en appendice à cet ouvrage où nous nous somme efforcés d'être plutôt historien qu'homme de parti, combien dans les pays civilisés qui nous entourent, les garanties sont grandes pour la morale religieuse et pour le contrôle des parents. Et ce, non seulement dans les monarchies : En Allemagne, en Angleterre, en Belgique, en Italie, mais en Amérique et en Suisse, pays où les mœurs républicaines reposent sur le respect de la famille et des libertés religieuses.

Il faut le dire, quelques nations subirent les

crises que nous traversons, mais depuis bien longtemps elle en sont sorties victorieusement par la grande porte, ensoleillée par la liberté. En 1858, Victor Considérant écrivait, dans *l'Indépendance Belge* :

. . . .

« Chaque intelligence laissée en jachère est un vol fait à la société.

. . . .

« La société, avons-nous dit, n'a aucun droit immédiat sur l'individu qu'il s'agit d'instruire, sur l'enfant, pour nous servir du terme que nous emploierons désormais. Cela ne se démontre plus ; nous sommes loin des jours où emportés plus loin sans doute qu'ils ne l'eussent voulu par des circonstances purement politiques et temporaires, des philosophes et des législateurs songeaient à *exproprier la famille au profit de l'Etat* et à confier à celui-ci une tutelle qu'il était absolument impropre à remplir.

On chercherait en vain aujourd'hui à se faire de *ces aberrations*, une arme contre le principe de l'instruction gratuite et obligatoire : la preuve qu'il n'y a aucune liaison entre elles et les idées que nous défendons, c'est que celles-ci sont restées debout et que personne ne *songe plus aux premières.* »

Nous citons au début de ce travail l'opinion de Jean-Jacques Rousseau, s'ajoutant à celle des conventionnels les plus purs, faut-il demander un avis à Voltaire ?

« La tolérance est aussi nécessaire en politique qu'en religion ; c'est l'orgueil seul qui est intolérant. C'est lui qui révolte les esprits en voulant les forcer à penser comme nous : c'est la source secrète de toutes les divisions » (1).

« Tout père de famille doit être le maître dans sa maison, et non pas dans celle de son voisin. Une société étant composée de plusieurs maisons et de plusieurs terrains qui leur sont attachés, il est contradictoire qu'un seul homme soit le maître de ces maisons et de ces terrains; il est dans la nature que chaque maître ait sa voix pour le bien de la société » (2).

« L'éducation des collèges et des couvents a toujours été mauvaise, en ce qu'on y enseigne la même chose à cent enfants qui ont tous des talents différents » (3).

« Liberté de conscience et liberté de commerce, voilà les deux pivots de l'opulence d'un Etat petit ou grand » (4).

Le Code civil lui-même proteste avec nous contre les empiétements de l'Etat actuel sur les droits des parents.

1. Voltaire. *Idées républicaines*, LXIV.
2. Voltaire. *Idées républicaines*, XLIII.
3. Voltaire. *Lettre à M. Collenot.*
4. Voltaire. *Correspondance. — Lettre à M. Dupont de Nemours*, t. XV, p. 142.

Nous nous demandons ce que répondraient les tribunaux si des associations de pères de familles en appelaient des brimades qui leur sont infligées en arguant des motifs ci-dessous :

Art. 203. — *Les époux contractent ensemble par le fait seul du mariage*, **l'obligation** *de nourrir, entretenir et élever leurs enfants.*

Art. 371. — *L'enfant, à tout âge, doit hon-*neur et **respect** *à ses père et mère...*

Art. 372. — *Il reste* (l'enfant) **sous leur autorité** *jusqu'à sa majorité ou son émancipation.*

De ceci et de ce qui précède il résulte donc bien que non seulement les revendications des parents, les plaintes des citoyens et les justes alarmes des amis de la paix religieuse et sociale, ne sont pas créés artificiellement pour les besoins d'une agitation quelconque, mais que les griefs des uns et des autres sont, en tout ou partie, très justifiés.

Nous n'hésitons donc pas, pour toutes ces raisons, à nous emparer de l'heureuse formule de M. Maurice Barrès dans la séance du 17 janvier 1910, et à demander la rédaction d'*un Concordat avec les familles.*

COMMENTAIRES PRÉPARATOIRES

au projet de loi

DE SÉPARATION DES ÉCOLES
ET DE L'ÉTAT

D'abord, nous dira-t-on, pourquoi la *séparation des Ecoles et de l'Etat* et non la liberté d'Enseignement ? Nous répondons :

Pour dissiper l'équivoque cause du trouble présent.

En fait, la liberté d'enseigner existe encore dans la Loi. *En fait*, la liberté d'enseigner est contrariée cependant par des obstacles légaux et matériels surtout par la main-mise de l'Etat, de plus en plus absolue, sur les écoles laïques pour les diriger à son gré, sur les écoles libres pour les disperser ou les contraindre.

A une question précise de M. Piou au cours de la séance du 16 janvier, M. Doumergue, ministre de l'Instruction publique, répondait : « oui la loi de 1882 est toujours en vigueur ». Or cette loi donne la liberté, une liberté mitigée, mais dont à la rigueur les Français s'étaient contentés.

Depuis sa promulgation, et nous le rappelons plus haut dans les détails en publiant une partie du discours de M. Aynard, « par des émondages successifs » l'Etat d'une part, les instituteurs de l'autre, ont complètement banni la liberté et en grande partie supprimé la concurrence.

Pour ce qui concerne les instituteurs, l'Etat commit une lourde faute en leur concédant presque sans partage un privilège que tous les Etats disputèrent, à tort ou à raison, au long des siècles, à l'Eglise.

Comment nier que dans leurs amicales, et au cours de tentatives récentes pour se constituer en syndicats, les maîtres d'écoles n'ont essayé d'asservir leur enseignement à leur despotisme, d'en faire leur chose à eux, de se faire en somme les dépositaires intangibles de l'enseignement national ?

Or, on peut objecter, sans crainte, à ces prétentions qui ont déjà reçu un commencement d'exécution, ce que M. Briand disait avec moins de raison du catholicisme dans son rapport sur la Séparation des Eglises et de l'Etat : « S'asservir à une collectivité d'hommes vivant de leurs croyances » n'est pas une application de la liberté.

A la page 43 de son rapport, M. Briand dit textuellement à propos du clergé :

« L'assemblée ne fut pas longtemps sans s'apercevoir que les ecclésiastiques français, avec lesquels elle désirait négocier, lui échappaient chaque jour. Par tous les diocèses ils lançaient de fougueux mandements, encourageant la le-

vée des libelles incendiaires, fanatisant les populations et leur ouvrant le Paradis si elles
marchaient d'une belle ardeur à la guerre sainte.
De terribles émeutes ensanglantaient le midi
et l'ouest ; les anciennes congrégations deve-
naient des armées et les autorités civiles, harce-
lées, insultées, menacées, ne pouvant plus arrêter le flot des émeutiers catholiques faisaient le
sacrifice de leurs jours. » Sans nous autoriser du
texte de M. Briand pour faire des généralisations
ni pour demander le nom des fonctionnaires qui
ont fait le « sacrifice de leurs jours » ce qui
est d'autant plus méritoire que personne n'en a
jamais rien su, nous disons à notre tour, avec
pour nous la force de la vérité :

« Que l'assemblée et la France, depuis longtemps, s'aperçoivent que les instituteurs français
avec lesquels on a toujours voulu s'entendre,
tendent à échapper chaque jour, à la fois aux
lois et aux influences légitimes du gouvernement
et des parents également responsables.

« Nous avons tous lus de fougueux manifestes
qui avaient pour objet d'entraîner des instituteurs dans les associations révolutionnaires, de
les embrigader dans les Bourses du Travail, de
les syndiquer contre l'Etat, contrairement à ses
lois. Nous savons tous qu'un trop grand nombre
prêtèrent une oreille complaisante à ces appels
et qu'aujourd'hui encore, ils travaillent à se
constituer en un Etat dans l'Etat. Nous savons

aussi qu'un grand nombre d'entre eux, assuré
de l'impunité, participe à la propagande des
idées anticléricales et pactisent avec les émeutiers. »

Comment ne pas voir que cette situation indé-
pendante et privilégiée des instituteurs dans
l'Etat aggravant les lois d'une majorité hostile à
la liberté d'enseignement, et les instructions
mêmes du gouvernement, rend impossible l'espérance d'assurer *la liberté d'enseignement* si
la séparation ne se fait pas définitivement entre
d'une part l'Etat débordé par ses maîtres d'é-
cole et les contribuables, et d'autre part les pères
de familles oppressés à la fois par l'Etat et les
instituteurs.

Parodiant une phrase de Lamennais qui s'ap-
pliquait à la Séparation des Eglises et de l'Etat
nous dirons donc : « Tous les amis de l'enseignement doivent comprendre qu'il n'a besoin que
d'une seule chose, *la liberté* ; l'école n'a qu'une
chose à redouter des gouvernements : leur tutelle, nous voulons une liberté large, sauf la
soumission aux lois et au droit commun. »

Pénétré de ces idées, appuyé sur le passé et sur
les expériences faites jusqu'à ce jour, l'article 1ᵉʳ
de notre projet de loi a donc pour objet d'ouvrir toutes larges les portes à l'enseignement
libre et contradictoire.

Fidèle également au désir unanime de bons
citoyens de relever l'enseignement national,

nous maintenons par notre article 2 l'obligation scolaire, en prévoyant à l'article 4 les conditions dans lesquelles l'enseignement sera assuré par les communes qui ne bénéficieraient point de linitiative privée.

A l'article 5, et afin de réparer les effets désastreux de la méthode actuelle privant vingt, trente ou cent enfants par école de l'instruction religieuse sous le prétexte qu'un seul enfant n'en veut pas, ou a reçu l'"ordre de ses parents de n'en pas user, nous précisons qu'un laps de temps déterminé sera réservé chaque jour à l'enseignement de la morale et de la religion dans toutes les écoles et qu'en seront dispensés tous les enfants dont les parents auront déclaré qu'ils relèvent leurs enfants de l'obligation d'assister à ces cours, lesquels, facultativement, pourront être tenus par l'instituteur ou le ministre du culte auquel les élèves appartiennent.

L'obligation de l'enseignement imposée aux parents et aux enfants entraîne forcément le maintien du budget de l'Instruction publique et par là (afin de garder aussi à l'Etat son droit de police) le contrôle des inspecteurs de l'enseignement les articles 7, 8, 9, 10, 11 et 12 viennent régler dans le détail toutes ces questions.

Les écoles normales et l'enseignement secondaire sont appropriés au régime de liberté et de séparation par des chapitres spéciaux. Enfin l'application de la loi, en ce qui concerne la dévolution des biens et leur attribution, les édifices scolaires, la façon dont est réglée la situation du personnel enseignant sont exclusivement inspirés des méthodes et principes mis en vigueur par les lois sur la séparation des Eglises et de l'Etat.

S'agit-il de tuer le corps enseignant pour s'emparer de ses biens ? Le corps enseignant, du moins celui que concerne ce projet, n'a pas de biens et nous ne lui voulons que du mieux-être.

Le régime actuel, les tendances politiques et sociales du régime tendent au contraire à éloigner de plus en plus les fonctionnaires et les administrations publiques de l'indépendance, de la propriété.

Là encore, par conséquent, nous n'apportons donc aucun trouble ; et il s'ensuit que les détenteurs momentanés des locaux scolaires ne peuvent être lésés dans aucun de leurs droits par l'usage qu'on ferait, en dehors d'eux, des bâtiments et du matériel scolaire.

En ce qui concerne les situations acquises du personnel enseignant nous croyons les avoir scrupuleusement respectées dans notre projet ; mieux ! nous avons la conviction, et, plus encore, le ferme désir que les instituteurs, institutrices et professeurs trouveront une large amélioration morale et matérielle dans l'application de la loi de séparation des Ecoles et de l'Etat.

SÉPARATION DES ÉCOLES ET DE L'ÉTAT

PROJET DE LOI

Enseignement primaire

Article premier. — L'enseignement est libre.

Art. 2. — L'instruction primaire est obligatoire.

Art. 3. — Tous les Français ou Françaises peuvent user de la liberté d'enseigner : ils seront tenus :

1° D'en faire à la municipalité la déclaration ;

2° De désigner l'espèce (lettres, sciences ou arts) qu'ils se proposent d'enseigner ;

3° De produire un certificat d'origine, extrait de naissance et un casier judiciaire ;

4° De disposer d'un local scolaire dont les dispositions architecturales et hygiéniques seront approuvées par la municipalité et l'inspecteur primaire.

Art. 4. — Il y a dans chaque commune, au moins, une école communale établie dans un local convenable.

A défaut des initiatives privées, le conseil municipal, considéré comme représentant naturellement le groupement des chefs de famille de la commune, assure obligatoirement l'enseignement primaire. Le conseil municipal disposera, pour ce faire, et d'accord avec le préfet et l'inspecteur primaire, d'une allocation annuelle prise sur le budget de l'instruction publique. Cette allocation sera suffisante pour assurer l'enseignement (appointements de l'instituteur. ou de l'institutrice). Ces écoles communales sont sous l'autorité et le contrôle du conseil municipal.

Art. 5. — L'instruction primaire comprend, nécessairement, l'enseignement de la morale et de la religion ; la lecture, l'écriture, les éléments du calcul, le système légal des poids et mesures, les éléments de la langue française, de la géographie universelle et de l'histoire de France, les éléments du dessin, les notions d'hygiène, le chant et la gymnastique. Elle comprend de plus, pour les filles, le travail à l'aiguille, un cours de cuisine et pour les garçons, dans les communes rurales, des notions d'agriculture.

La première ou la dernière demi-heure de la classe du matin ou de l'après-midi est consacrée chaque jour à l'enseignement de la religion et de la morale.

La leçon de morale religieuse pourra être donnée par le ministre du culte pratiqué par les élèves..

Sont dispensés d'y assister les enfants dont les parents en font la demande par écrit dans les termes suivants :

« Le soussigné, usant du droit que lui confère l'article 5 de la loi de l'enseignement primaire, déclare dispenser son enfant d'assister au cours de religion et de morale.

Art. 6. — Sur la demande des parents, les écoles privées devront recevoir gratuitement les élèves, à cet effet chaque commune recevra sur le budget de l'instruction publique, par les soins de l'Etat, une subvention annuelle égale au total des appointements et indemnités prélevés sur le même budget, pour les salaires des instituteurs et institutrices de l'Etat, avant la promulgation de la présente loi.

Cette subvention sera répartie chaque année par les soins du conseil municipal, entre toutes les écoles de la commune, au prorata du nombre des enfants qu'elles instruiront gratuitement, y compris les fournitures et livres scolaires.

Budget

Art. 7. — Le budget de l'instruction publique est maintenu au chiffre annuel qu'il atteignait au moment de la promulgation de la présente loi.

Contrôle et organisation

Art. 8. — L'Etat exerce le contrôle par ses « inspecteurs d'enseignement » dans toutes les écoles de toutes origines et de différents degrés, en ce qui touche au respect des lois et de la Constitution, au maintien de l'esprit patriotique et des bonnes mœurs, ainsi qu'au bon fonctionnement de l'hygiène des locaux et de l'assiduité des enfants à suivre les classes.

En aucun cas, l'inspecteur primaire ne pourra intervenir dans le choix des maîtres, ni des livres, ni dans l'économie domestique des écoles.

Art. 9. — Dans chaque commune, par les soins du maire, une liste sera tenue à jour de tous les enfants, garçons et filles, âgés de six à onze ans. Cette liste sera toujours à la disposition des inspecteurs d'enseignement au bureau de la mairie, avec en regard de chaque nom l'adresse de l'école où l'enfant est instruit. Sur réquisition de l'inspecteur, le maire interviendra pour obliger les parents, qui essaieraient de se soustraire à cette obligation, à envoyer leurs enfants à l'école communale ou à une autre école de leur choix.

Art. 10. — Les personnes ou associations qui auront fondé des écoles pourront réserver à leurs successeurs et héritiers, la propriété et l'administration de ces écoles, ainsi que le droit de choisir eux-mêmes les instituteurs.

Dans les communes où l'initiative privée ne se sera pas exercée, le conseil municipal mettra au concours l'emploi d'instituteur communal à installer en vertu de l'article 4 de la présente loi.

Les concurrents devront d'abord justifier de leurs certificats de capacité et de bonne conduite.

Ces instituteurs sont toujours révocables par le conseil municipal, sous réserve des droits qu'ils pourront faire valoir et des indemnités qu'ils pourront réclamer devant les tribunaux de droit commun, s'ils peuvent prouver leur bonne conduite, leur capacité, et qu'ils sont victimes de l'arbitraire.

Art. 11. — Lorsqu'un individu muni de ses certificats de moralité et de capacité demandera au conseil municipal l'autorisation d'ouvrir une école, le conseil municipal examinera si cette commune n'est déjà point suffisamment pourvue d'établissements scolaires. L'autorisation ne pourra jamais être refusée si elle est sollicitée par au moins cinq pères de famille habitant la commune.

Dans les communes où n'existe que l'école communale, le conseil municipal ne pourra jamais refuser l'autorisation d'ouvrir une autre école concurrente.

Art. 12. — Un examen donnant lieu, pour les élèves reconnus aptes, à un certificat d'études primaire aura lieu chaque année pour stimuler la concurrence et relever le niveau de l'enseignement.

Cet examen aura lieu dans les chefs-lieux de cantons ou au siège de l'arrondissement, chaque année, pendant les mois de mai et juin.

Les examinateurs seront constitués en jury pour la circonstance.

Les examinateurs du certificat d'études annuel sont nommés au scrutin secret. L'inspecteur primaire organisera le scrutin entre les électeurs de droit qui sont : tous les directeurs d'écoles communales ou privées du canton, de la section ou de l'arrondissement englobé dans l'examen.

L'examen primaire se passe sous la présidence de l'inspecteur primaire.

Ecoles normale d'instituteurs et d'institutrices

Art. 13. — Les départements, les communes et les particuliers peuvent établir des écoles normales qui seront soumises, en ce qui concerne l'enseignement, aux règles générales déterminées par la présente loi,

Art. 14. — Les écoles normales des départements, des communes et des particuliers, ne pourront recevoir de subventions de l'Etat qu'autant que leur enseignement est de nature à former des instituteurs et institutrices capables de diriger des écoles primaires communales.

Enseignement secondaire

L'enseignement secondaire n'offre aucun caractère d'obligation. L'Etat, les départements et les communes pourront cependant subventionner les lycées, collèges et facultés.

Art. 15. — Les lycées, collèges, les universités libres autonomes pourront délivrer leurs certificats et diplômes respectifs, en concurrence avec les diplômes des universités et grandes écoles que l'Etat pourra entretenir et diriger.

Pour toutes ses administrations l'Etat reste juge des examens et des concours pour les obtentions d'emploi. L'objet et la forme de ces examens et concours seront chaque année rendus publics et mis à la disposition des candidats.

Art. 16. — Pour être admis à ouvrir un établissement secondaire, le candidat devra :

1° Etre Français, âgé de vingt-cinq ans au moins ;

2° Produire un certificat du maire de la commune où il est né et de chaque commune où il aura résidé, certificat constatant que l'impétrant est digne, par ses mœurs et sa conduite, de se livrer à l'enseignement.

Art. 17. — Dans tout établissement d'instruction secondaire de tous ordres, nul ne pourra être préposé à la surveillance des élèves s'il n'est Français, possesseur d'un certificat de moralité portant les signatures du maire de la commune où il est né et des maires des communes où il a séjourné, et s'il n'est agréé par l'association scolaire des chefs de famille formant l'école.

Art. 18. — Tout chef d'établissement particulier d'instruction secondaire qui refuserait de se soumettre à l'inspection des inspecteurs d'enseignement de l'Etat, serait passible sur procès-verbal de l'inspecteur, assisté d'un témoin majeur, d'une amende de 100 à 1.000 francs.

Art. 19. — L'inspecteur d'enseignement veille à l'hygiène des locaux, aux bonnes mœurs, à ce que l'enseignement ne soit pas contraire aux lois ni au patriotisme.

En dehors de ces points particuliers, les inspecteurs veillent, dans son ensemble, à l'application de la présente loi.

Sur rapport de l'inspecteur et après enquête à laquelle devront participer au besoin par réquisition, au moins un tiers des chefs de famille dont les enfants seront internes ou externes dans les écoles visées, tiers pris par lettre alphabétique, le maire ou le préfet peuvent demander la fermeture de l'école qui sera prononcée par un décret dont le ministre de l'Instruction publique aura la libre initiative.

Application de la Loi. — Attribution des Biens

Art. 20. — Les établissements scolaires — *enseignement primaire, secondaire et écoles normales* — continueront à fonctionner pendant une

année à partir de la promulgation de la présente
loi en bénéficiant des dispositions qui les régis-
sent actuellement. A partir de cette date il sera
procédé à l'attribution de leurs biens aux associations scolaires de pères de famille, conformément aux articles de la présente loi.

Art. 21. — Dès la promulgation de la présente
loi il sera procédé par les agents de l'administration des Domaines à l'inventaire descriptif et
estimatif :

1° Des biens mobiliers et immobiliers de tous
les établissements scolaires (enseignement primaire et enseignement secondaire) appartenant
à l'Etat, aux départements et aux communes ou
dont ils ont la jouissance ;

2° Des œuvres post-scolaires administrées par
ces établissements, du sou des écoles et des grou-
pements similaires.

Ce double inventaire sera dressé contradictoirement avec les représentants légaux des
établissement scolaires ou, à leur défaut, par
des témoins dignes de foi dûment appelés par
une notification faite en la forme administrative.

Les agents chargés de l'inventaire auront le
droit de se faire communiquer tous titres et documents utiles à leurs opérations.

Art. 22. — Dans le délai d'un an à partir de
la promulgation de la présente loi les biens
mobiliers et immobiliers des écoles primaires,

écoles secondaires, collèges, lycées, écoles normales primaires et autres établissements ou œuvres attenant aux mêmes catégories seront sans
charges et obligations qui les grèvent et avec
leur affectation spéciale, transférés par les représentants légaux de ces établissements aux associations scolaires de pères de familles, qui, en
se conformant aux règles générales de la présente loi chargée de régler l'enseignement, se
proposent d'en assurer l'exercice et se seront
légalement conformés aux prescriptions de la
présente loi.

Associations scolaires des pères de famille

Art. 23. — Les associations scolaires ont pour
but de recevoir les locaux scolaires des mains
de l'Etat, des départements et des communes,
dans les conditions prévues par l'application de
la présente loi et en général de favoriser et de
soutenir l'Enseignement scolaire.

De réunir les cotisations, dons, subventions et
rétributions nécessaires aux dépenses exigées
par l'administration des associations des locaux
scolaires et des dépenses inhérentes à l'exercice
de l'enseignement, notamment la rétribution des
instituteurs et professeurs.

Chacun des membres pourra s'en retirer en
tout temps, après payement des cotisations

échues et de celles de l'année suivante, nonobstant toute clause contraire.

Nonobstant toute clause contraire des statuts,
les actes de gestion financière et d'administration légale des biens accomplis par les directeurs ou administrateurs seront chaque année
au moins, présentés au contrôle de l'assemblée
générale des membres de l'association et soumis
à son approbation.

Art. 24. — Les associations scolaires de
pères de famille devront être constituées conformément aux articles 5 et suivants du titre I de la
loi du 1ᵉʳ juillet 1901.

Art. 25. — Ces associations devront avoir
exclusivement pour objet l'exercice de l'enseignement primaire et secondaire.

Les mêmes associations, dans leurs régions
respectives, pourront provoquer l'ouverture de
plusieurs écoles et les recevoir de la main des
communes, des départements ou de l'Etat. Les
associations scolaires devront être composées
de pères de famille Français, jouissant de leurs
droits civiques et habitant la commune ou la
ville pour les écoles primaires, le département
pour les écoles secondaires.

Ils devront être au moins :

Dans les communes de moins de 1.000 habitants, sept personnes ;

Dans les communes de 1.000 à 5.000, neuf
personnes ;

Dans les communes de 5.000 à 20.000, quinze personnes ;

Dans les communes dont le nombre est supérieur à 20.000, d'autant de groupes de sept personnes qu'il y a de groupes et de bâtiments scolaires à attribuer.

Art. 26. — Ces associations peuvent constituer des unions ayant une administration ou une direction centrale par département. Ces unions devront être basées sur les articles 5 et suivants de la loi du 1er juillet 1901 et l'article 7 du décret du 16 août 1901, ainsi que sur les dispositions générales de la présente loi.

Art. 27. — Pour l'administration de leurs biens et recettes et dépenses, les associations scolaires de pères de famille sont soumises aux règles générales des lois s'appliquant aux sociétés et au droit commun.

Art. 28. — Les associations scolaires des pères de famille, les unions de ces associations ne sont en aucun cas assujetties à la taxe d'abonnement ni à celle imposée aux cercles par l'article 33 de la loi du 8 août 1890, pas plus qu'à l'impôt de 4 o/o sur le revenu établi par la loi du 28 décembre 1880 et du 29 décembre 1884.

Des édifices scolaires

Art. 29. — Les édifices qui servent à l'enseignement scolaire et au logement des instituteurs, institutrices et professeurs, ainsi que leurs dépendances immobilières et les objets mobiliers qui les garnissaient au moment où lesdits édifices ont été remis aux associations de pères de familles, demeurent propriétés de l'Etat, des départements, des communes ou des particuliers qui en étaient propriétaires avant le vote de la présente loi.

Art. 3o. — Les édifices appartenant à l'Etat, aux départements et aux communes ayant servi jusqu'ici à l'usage scolaire et attribués à des associations de pères de famille, seront entretenus aux frais des susdites associations qui pourront être mises en demeure, par le conseil municipal ou par le préfet, si l'immeuble est compromis par insuffisance d'entretien ou si on les détourne de leur destination d'avoir à se conformer à la loi.

L'Etat, les départements et les communes pourront, à leur gré, donner gratuitement la jouissance des immeubles scolaires, sauf réserve de l'entretien comme il est dit ci-dessus, ou faire payer des locations.

Art. 31. — Les édifices affectés à l'enseignement scolaire et qui appartiennent à des particuliers ou sont gérés par des particuliers, les associations scolaires de pères de famille, les communes de l'Etat, seront exemptés de l'impôt foncier et de l'impôt des portes et fenêtres.

Art. 32. — L'article 28 de la loi du 9 décembre 1905 est abrogé.

Les directeurs d'écoles primaires ou secondaires exerçant dans des monuments publics soumis à la dévolution prévue par la présente loi, peuvent élever ou apposer sur leurs façades tous signes et emblèmes, religieux ou autres, à condition qu'ils ne soient ni subversifs, ni immoraux.

Art. 33. — Sont punis d'une amende de seize francs (16 fr.) à deux cents francs (200 fr.) et d'un emprisonnement de six jours à deux ans ou de l'une de ces deux peines seulement, ceux qui soit par menaces, violences, intimidation ou voies de fait auront porté dommage volontaire à la libre jouissance des locaux et édifices scolaires et au libre exercice de l'enseignement dans les conditions prévues par la présente loi.

Art. 34. — Si plusieurs associations scolaires sollicitent concurremment la remise du même local scolaire, il sera fait officiellement une tentative de conciliation contenant le conseil amiable d'une fusion, en une seule association, des deux associations concurrentes.

Si l'accord ne peut s'établir et après un délai de quinze jours, notification en sera faite aux intéressés.

L'attribution en sera faite ensuite par les représentants de l'établissement ou par décret. Cette attribution ou ce décret pourront être contestés devant le Conseil d'Etat statuant au contentieux, lequel prononcera en tenant compte de toute les circonstances de fait et de droit.

L'attribution pourra être ultérieurement contestée en cas de scission dans l'association nantie, de création d'association nouvelle, par suite d'une modification dans le nombre des habitants ou du territoire de la commune et dans le cas où l'association attributaire ne serait plus en mesure de remplir son objet.

Art. 35. — A défaut de toute association pour recueillir les biens d'un établissement scolaire, ces derniers restent la propriété de leurs possesseurs actuels qui seront libres d'en faire, deux ans après la promulgation de la présente loi, tel usage qu'ils voudront.

Les attributions de biens prévues par les articles de la présente loi ne donneront lieu à aucune perception au profit du Trésor.

Art. 36. — Les immeubles par destination classés en vertu de la loi du 30 mars 1887 ou de la présente loi sont inaliénables et imprescriptibles.

Dans le cas où la vente ou l'échange d'un objet classé serait autorisé par le ministre de l'Instruction publique et des Beaux-Arts un droit de préemption est accordé : 1° aux associations scolaires de pères de familles; 2° aux communes; 3° aux départements; 4° aux musées et sociétés d'art et d'archéologie; 5° à l'Etat. Le prix sera fixé par trois experts que désigneront le vendeur, l'acquéreur et le président du tribunal civil.

Si aucun des acquéreurs ci-dessus ne fait usage de son droit de préemption la vente sera libre, mais il est interdit à l'acheteur d'un objet classé de le transporter hors de France.

Nul travail de réparation, restauration ou entretien à faire aux monuments ou objets mobiliers classés ne peut être commencé sans l'autorisation du ministre des Beaux-Arts.

Du personnel enseignant

Art. 37. — Les instituteurs, institutrices et professeurs ayant atteint l'âge de la retraite lors de la promulgation de la présente loi y seront envoyés d'office.

Ceux qui seront âgés de plus de quarante-cinq ans et qui auront pendant vingt ans au moins rempli des fonctions d'instituteurs, institutrices ou professeurs au service de l'Etat recevront une pension annuelle et viagère égale à la moitié de leur traitement.

Les pensions allouées ne pourront pas dépasser deux mille (2000) francs.

En cas de décès des titulaires, ces pensions seront réversibles jusqu'à concurrence de la moitié de leur montant, au profit de la veuve et des orphelins mineurs laissés par le défunt et jusqu'à concurrence du quart, au profit de la veuve sans enfants mineurs. A la majorité des orphelins leur pension s'éteindra de plein droit.

Les instituteurs, institutrices et professeurs actuellement salariés par l'Etat qui ne seront pas dans les conditions ci-dessus recevront pendant quatre ans une allocation égale à la totalité de leur traitement pour la première année, aux deux tiers pour la deuxième, à la moitié pour la troisième, au tiers pour la quatrième.

Toutefois ceux d'entre eux, à tous les degrés, qui continueront à remplir leurs fonctions soit dans les écoles, collèges ou lycées où ils exercent au moment de la promulgation de la présente loi, soit dans toutes autres écoles communales ou particulières pourront renoncer à cette faveur et obtenir de plein droit, en échange, de continuer les versements qui étaient prélevés sur leurs salaires pour les retraites. Dans ces conditions ils atteindront l'âge de la retraite actuellement fixée pour ces fonctionnaires et bénéficieront à cet âge révolu des avantages et conditions dans lesquelles leurs retraites auraient été liquidées, s'ils étaient restés au service de l'Etat.

Art. 38. — Réserve est faite pour toutes les catégories d'instituteurs, institutrices et professeurs des droits acquis en matière de pension par application de la législation antérieure, ainsi que des secours accordés ou à accorder à ces anciens fonctionnaires.

Art. 39. — Ceux des instituteurs, institutrices et professeurs qui resteront dans l'enseignement ou qui en sortiront pourront à leur choix, dès la promulgation de la présente loi, et quel que soit le nombre d'années pendant lesquelles ils auront été en fonction, demander le remboursement de leurs versements pour les retraites ou, à leur choix, user de la faveur qui ne pourra leur être refusée de continuer les versements à la caisse de l'Etat jusqu'à l'âge légal fixé au moment de la promulgation de la présente loi pour la retraite. Cette retraite leur sera accordée au tarif afférent aux appointements et au grade qu'occupaient ces fonctionnaires au moment de la promulgation de la présente loi.

Art. 40. — Dès la promulgation de la présente loi, les instituteurs, institutrices et professeurs sont autorisés à constituer entre eux et à gérer eux-mèmes sous réserve des lois en vigueur des caisses de retraites régionales ou nationales. Tous ceux de ces fonctionnaires qui désireront entrer dans ces associations privées de retraites pourront exiger de l'Etat le versement dans les caisses des susdites sociétés de la totalité de leurs versements respectifs au Trésor.

Les intérêts composés des retenues perçues par le Trésor sur les salaires des instituteurs et qui leur seront remboursées sur leur demande seront calculés à trois pour cent.

Art. 41.— Les pensions et allocations prévues par la présente loi sont incessibles et insaisissables, dans les mêmes conditions que les autres pensions civiles. Elles cesseront de plein droit en cas de condamnation à une peine afflictive ou infamante ou en cas de condamnation pour l'un des délits prévus à l'article trente-trois de la présente loi.

Le droit à l'obtention ou à la jouissance d'une pension ou allocation sera suspendu par les circonstances qui font perdre la qualité de Français, durant la privation de cette qualité.

Les demandes de pension devront être, sous peine de forclusion, formées dans le délai d'un an après la promulgation de la présente loi.

EN ANGLETERRE

Dans les Iles Britanniques, l'instruction publique est actuellement régie par l'acte de 1902 qui modifie en quelques points seulement l'acte de 1870, resté presque entièrement en vigueur pour l'instruction primaire.

Acte de 1902. — L'administration de l'instruction publique y compris le département des sciences et des arts est confiée à un comité (board) de l'instruction. Le comité se compose d'un président et du lord président du conseil à moins qu'il ne soit, lui-même, nommé président du comité ; des principaux secrétaires d'Etat de Sa Majesté ; du premier commissaire du Trésor et du chancelier de l'Echiquier.

Le comité a un sceau spécial avec l'assentiment du Trésor, peut nommer tels secrétaires, officiers et employés qu'il juge convenable.

I

L'autorité locale, dans le département de l'instruction publique est confiée au Conseil des comtés (borough) et des cantons indépendants ayant une population de plus de 10.000 personnes. D'après le recensement de 1901, et des conseils des districts urbains comptant plus de 20.000 âmes.

II

L'autorité locale de l'instruction publique devra considérer les besoins de sa région et prendre les mesures qui lui paraîtront désirables, après entente avec le comité de l'instruction publique pour assurer et répandre l'éducation sous toutes ses formes, en outre de l'instruction primaire et, à cet effet, consacrer le tout ou partie des taxes locales affectées à cet usage par l'acte de 1890 et même à utiliser les reports disponibles (1).

Le pouvoir donné aux conseils locaux de promouvoir tous les genres d'instructions, leur laisser le champ libre et leur confier le droit de former même des professeurs (développements par p. 85).

§ 4. — Un conseil, eu égard à la répartition des fonds alloués ne pourra ni autoriser, ni refuser l'éducation religieuse ou une pratique reli-

1. P. 84.

gieuse dans un établissement quelconque sous
le prétexte que la croyance religieuse est relé-
guée à un rang inférieur. Cependant, le conseil,
à la requête des parents des élèves, peut permettre de donner l'éducation religieuse à tel
moment et dans telles conditions qu'il jugera
opportun, pourvu que dans l'exercice de cette
faculté, aucune préférence marquée ne soit donnée à telle ou telle religion (p. 90).

Les conseils devront établir des comités d'instruction suivant un projet dressé par ces conseils et approuvé par le « board ». Tous les pouvoirs d'un conseil (à l'exception des levées de
taxes et des emprunts) peuvent être délégués,
avec ou sans restrictions ou conditions, à son
comité d'instruction. Toutes les questions qui
sont du ressort du conseil, exception faite des
taxes et emprunts, doivent être soumises au
comité dont les rapports doivent à leur tour être
remis au conseil et étudiés par lui avant de recevoir leur effet, à moins qu'il s'agisse de faits ur-
gents.

Dans chaque projet le conseil devra pourvoir
à la nomination de la majorité des membres du
comité ; à la nomination ou à la recommanda-
tion d'associations, d'écoles volontaires, de personnes qui ont de l'expérience en matière d'é-
ducation et au courant des divers besoins des
écoles locales. Les femmes doivent faire partie
du comité. Toute personne qui par des intérêts

pécuniaires ne peut faire partie de l'autorité locale, ne peut prendre place dans le comité. Cette restriction ne s'applique cependant pas aux professeurs ou maîtres des écoles aidées, soutenues ou maintenues par le conseil.

Les *écoles volontaires* ou privées (*voluntari schools*) sont celles qui ne sont pas pourvues par l'autorité locale ; les écoles du conseil (*council schools*) sont celles qui sont pourvues par l'autorité locale.

La différence principale entre ces deux genres d'école est dans la nomination des directeurs. Dans l'une on peut donner l'instruction religieuse ; dans l'autre l'instruction religieuse est soumise à la clause de la liberté de conscience. Dans les écoles non pourvues par l'autorité, les dépenses de constructions, agrandissements, sont à la charge de l'administration, seules les réparations exigées par l'usure incombent à l'autorité locale.

Ecoles pourvues.— Dans ces écoles, les Directeurs doivent exercer leur administration selon les instructions de l'autorité locale.

Ecoles non pourvues— Les conditions dans lesquelles elles doivent s'administrer sont les suivantes : Elles doivent se conformer aux instructions données par l'autorité locale en ce qui concerne l'éducation séculière, c'est-à-dire se soumettre aux conditions requises pour le nombre et la qualification des professeurs ; elles gardent leur liberté en ce qui concerne l'instruction religieuse. L'autorité locale a le droit d'inspection.

Les écoles non pourvues, comme les écoles pourvues, participent aux donations accordées par le Parlement et aux allocations faites par les autorités locales. Les allocations pour les écoles primaires s'élèvent à environ 10 shellings par élève. Les donations d'allocations sont réglées par les actes de 1898 et de 1902.

L'autorité locale est également chargée de fournir les allocations aux élèves des écoles de l'instruction supérieure.

En somme, c'est le régime de la liberté avec un simple contrôle de l'Etat (1).

1. Ce résumé est extrait de *The-Education Acts*, 1870-1902, par sir Hugh-Owen, G.C.B.(Londres, Kinight et Cⁱᵉ).

EN ALLEMAGNE

L'ÉCOLE PRUSSIENNE

Le véritable fondateur de l'école populaire en Prusse est Frédéric-Guillaume Ier. Son ordonnance sur l'obligation pour les parents d'envoyer leurs enfants à l'école est du 28 septembre 1717. Le 21 février 1737 il édicta la première loi sur l'entretien des écoles qui atteignaient le nombre de 1.504. En 1722 il créa une direction générale annexée au ministère de la Justice pour veiller sur la conservation et la direction des écoles et des églises.

Frédéric II publia, le 12 août 1763, le règlement scolaire général de la monarchie prussienne, règlement qui devint la loi fondamentale du royaume. Le règlement prescrivait l'obligation scolaire, fixait les rétributions, infligeait les amendes aux parents récalcitrants et confiait la surveillance des écoles aux autorités ecclésiastiques, ce qui engendra de graves conflits entre protestants et catholiques. Le manque de ressources de l'Etat autant que les oppositions soulevées

par la contribution scolaire entravèrent les effets
de la loi. Frédéric-Guillaume II inséra de nouveau dans le Code prussien le principe de l'o-
bligation scolaire. En 1787 il sépara les affaires
de l'Eglise de celles de l'école en créant un comité scolaire supérieur.

La première école normale fut créée en 1798,
sous Frédéric-Guillaume III ; la Prusse était
alors fort en retard sur l'Allemagne qui en pos-
sédait une trentaine. Sous Frédéric le Grand les
maîtres étaient mal recrutés et plus mal payés.
Ce souverain recommandait de donner les emplois d'instituteurs aux soldats invalides sachant
lire, écrire et compter. Leurs appointements annuels variaient souvent entre 37 fr. 50 et 112 fr. 50.

Frédéric-Guillaume III donna une grande im-
pulsion à l'instruction. A la place du comité supérieur dont nous avons parlé, il établit une
section spéciale de l'instruction rattachée au ministère de l'Intérieur et confiée à l'illustre Guil-
laume de Humbold à qui l'on doit la tentative de
création d'une école normale de maîtres en 1808.

La bataille d'Iéna ne fit qu'activer le gouvernement dans cette voie.

Frédéric-Guillaume III créa en 1817 un ministère des affaires ecclésiastiques, de l'instruction et de la médecine confié à Altenstein, fondateur de séminaires, pour préparer des maîtres
capables et d'un grand nombre d'écoles élémentaires.

A sa mort (1840) la Prusse avait 23.646 écoles primaires (avec 29.631 maîtres et 2.326.000 élèves répartis presque également entre les deux sexes) et 45 écoles normales avec 2.853 étudiants,

La loi du 5 décembre 1848 rendue par la nouvelle constitution *reconnaissait en substance la liberté de l'enseignement, avec le droit de la jeunesse prussienne à l'instruction primaire, assuré par un nombre suffisant d'écoles ; la faculté pour tous de fonder des écoles et d'enseigner, la charge de l'instruction incombant aux communes avec le concours pécuniaire de l'Etat dans des cas déterminés ; la gratuité de l'école publique et l'obligation de l'enseignement religieux donné dans les écoles et sous la direction du clergé.* La Constitution en janvier 1850 confirma à peu près ces dispositions à l'exception de la gratuité.

En 1854 on attribua une importance encore plus grande à l'enseignement religieux. Le parti libéral ne revint au pouvoir qu'en 1872. Falk, le ministre de Kulturcampf, augmenta le nombre des écoles normales, améliora le traitement des maîtres et s'efforça de relever le niveau de l'enseignement. Le nombre des écoles normales fut porté à 99 (65 protestantes, 30 catholiques et 5 mixtes) fréquentées en 1878 par 1.672 élèves.

Le système prussien et germanique en général est actuellement fondé sur les principes suivants :

1º Droit de l'Etat d'ordonner et de surveiller l'instruction à tous les degrés ;

2º Fondation et entretien des écoles populaires imposées à la commune ;

3º Obligation des familles d'envoyer leurs enfants aux écoles et d'en rétribuer le maître ;

4º L'Etat règle, maintient, dirige directement les écoles secondaires ou normales, classiques et techniques, ou bien il veille sur celles créées par des particuliers laïques et ecclésiastiques dont l'enseignement est considéré comme un service public ;

5º Les instituts scolastiques, écoles élémentaires, gymnases, universités, jouissent des droits extérieurs des corporations.

Quant à l'organisation locale en voici les points principaux :

Il existe des comités ou conseils provinciaux scolastiques sous la surveillance du ministre des Cultes, de l'instruction et de la santé, et dans chaque cercle ou district administratif sont établis des inspecteurs scolaires du cercle, lesquels ainsi que les inspecteurs locaux sont nommés par le gouverneur de chaque province. Les inspecteurs intermédiaires entre la préfecture et la commune veillent sur les curateurs des comités locaux variables suivant la qualité des agrégations civiles et suivant les provinces. Dans les villages, il y a un comité scolaire en général sous la présidence du pasteur. Ce comité qui s'occupe en particulier des affaires extérieures de l'école, se compose du chef de la commune pour les étrangers, des membres du conseil de fabrique et de deux notables ou pères de famille nommés tantôt par l'inspecteur, tantôt par les pères, tantôt encore par des membres encore en fonction. Ce comité veille à l'observation des règlements, à la fréquentation de l'école par les élèves, aux immeubles et meubles de l'école. Dans les villes, le besoin d'unité a fait constituer un comité supérieur qui surveille tout, composé du bourgmestre, des autorités ecclésiastiques, de quelques membres du conseil municipal et d'un ou deux citoyens versés dans les choses de l'instruction ou surintendants scolaires municipaux.

La loi prussienne du 11 mars 1872 a rendu à l'Etat l'inspection de l'école. Voici le texte des deux premiers articles.

Article premier. — La surveillance de tous les établissements publics et privés d'instruction et d'éducation appartient à l'Etat. Les dispositions contraires existant en différentes parties du pays sont abolies. En conséquence toutes les autorités et tous les fonctionnaires, chargés de cette surveillance agissent au nom de l'Etat.

Art. 2. — La nomination des inspecteurs scolaires des communes et des cercles, ainsi que la détermination de leurs circonscriptions appartiennent à l'Etat seul. La mission donnée par l'Etat aux inspecteurs des écoles populaires est toujours révocable, au cas où ceux-ci exerceront cet office comme une fonction honoraire et accessoire.

L'obligation de l'instruction s'étend, depuis le ministère Altenstein, de six à quatorze ans. Elle peut être prolongée d'un an, si l'élève ne satisfait pas à son examen de sortie.

On enseigne dans les écoles élémentaires : la religion, l'allemand, l'arithmétique, la géométrie, l'histoire, la géographie, les sciences naturelles, le chant, la gymnastique, le dessin et les travaux de dames.

Les parents qui négligent d'envoyer leurs enfants à l'école sont punis et les agents de la sûreté peuvent conduire de force les enfants à l'école. Les châtiments corporels sont admis, pourvu qu'ils ne soient pas dommageables à la santé.

Les dépenses pour l'instruction publique en Prusse s'élevaient en 1888 à 157.000.000 de marcs, sur lesquels l'Etat contribuait pour 39.500.000. Depuis 1889, le concours de l'Etat a été augmenté de 29.500.000 marcs.

Loi organique de l'instruction primaire (1)

ARTICLE PREMIER. (L. 1884, art. 1er ; L. 1895, art. 1er.)—
Il y a, dans chaque commune, au moins une école communale établie dans un local convenable.

La commune peut adopter une ou plusieurs écoles privées ; dans ce cas, le Roi, après avoir pris l'avis de la députation permanente, peut dispenser la commune de l'obligation d'établir ou de maintenir une école communale : cette dispense ne peut être accordée si vingt chefs de famille, ayant des enfants en âge d'école, réclament la création ou le maintien de l'école pour l'instruction de leurs enfants et si la députation permanente émet un avis conforme à leur demande.

L'adoption peut être consentie par la commune pour une durée de dix ans au plus. Elle prendra fin avant cette date en cas de décès, de retraite ou de destitution du titulaire sous le nom duquel l'adoption a été consentie. Elle peut toujours être renouvelée.

Lorsque aucune convention n'a fixé la durée de l'adoption, la suppression de l'adoption ne peut être prononcée dans le courant d'une année scolaire, ni sans un préavis d'une année.

Deux ou plusieurs communes peuvent, en cas de nécessité, être autorisées par le Roi à se réunir pour fonder et entretenir une école.

1. Abréviations : L. 1884 signifie loi du 20 septembre 1884, L. 1895 signifie loi du 15 septembre 1895.

Art. 2. (L. 1895, art. 2.) — Les écoles primaires communales sont dirigées par les communes.

Le conseil communal détermine, suivant les besoins de la localité, leur nombre et celui des instituteurs.

Toutefois, les résolutions des conseils communaux portant suppression d'une école primaire communale ou d'une ou plusieurs places d'instituteur primaire, sont soumises à l'avis de la députation permanente et à l'approbation du Roi.

L'arrêté royal autorisant ou refusant la suppression est motivé et inséré au *Moniteur*.

Le conseil règle, s'il y a lieu, tout ce qui concerne l'établissement et l'organisation des écoles gardiennes et des écoles adultes.

Art. 3. (L. 1895, art. 3) — La commune veille à ce que tous les enfants qui ont droit à l'enseignement gartuit et qui ne fréquentent, pas les écoles privées puissent 'recevoir l'enseignement, soit dans une école communale, soit dans une école adoptée.

Ont droit à l'instruction gratuite pour leurs enfants :

Ceux qui payent en principal et en additionnels au profit de l'Etat : dans les communes au-dessous de 5.000 habitants, moins de 10 francs ; dans celles de 5.000 à 20.000 habitants, moins de 15 francs ; dans celles de 20.000 habitants; moins de 30 francs de contribution personnelle.

Le conseil communal dresse, chaque année, la liste des enfants qui ont droit à l'instruction gratuite en vertu de la disposition qui précède. Il détermine, s'il y a lieu, la rétribution par élève due, de ce chef, aux instituteurs des écoles communales et des écoles adoptées. Cette liste, ainsi que la quotité de la rétribution, est approuvée par la députation permanente, sauf au recours au Roi (1).

1.La loi du 22 juillet 1897 porte modification de l'article 3, § 3, des dispositions coordonnées des lois de 1884 et 1895 ; voici le texte de son article unique :

« Le troisième alinéa de l'article 3 de la loi organique de l'instruction primaire (1884-1895) est remplacé par les dispositions suivantes :

« Chaque année les chefs des écoles primaires communa-

Les communes, ainsi que les chefs des écoles adoptées et des écoles adoptables, ont la faculté d'accorder gratuitement l'instruction primaire à des élèves autres que ceux qui y ont droit en vertu de la présente loi.

La députation permanente, après avoir pris l'avis du bureau de bienfaisance et du conseil communal, détermine, sauf recours au Roi, la part qui incombe au dit bureau dans les frais d'écolage des enfants ayant droit à l'instruction gratuite ; la part assignée au bureau de bienfaisance est portée à son budget et doit être répartie entre les écoles communales, les écoles adoptées et les écoles adoptables, au prorata du nombre des enfants ayant droit à l'instruction gratuite qui les fréquentent régulièrement.

ART. 4. (L. 1895, art. 4.) — L'instruction primaire comprend nécessairement l'enseignement de la religion et de la morale, la lecture, l'écriture, les éléments du calcul, le système légal des poids et mesures, les éléments de la langue française, flamande ou allemande, selon les besoins des localités, la géographie, l'histoire de Belgique, les éléments du dessin, les notions d'hygiène, le chant et la gymnastique. Elle comprend, de plus,

les, adoptées ou adoptables, dressent, sur la déclaration des parents, la liste des enfants âgés de six à quatorze ans qui fréquentent leurs établissements et qui ont droit à l'instruction gratuite en vertu de la disposition qui précède.

« Les chefs des écoles communales et des écoles adoptées transmettent les listes concernant leurs établissements aux administrations communales, qui inscrivent, en regard du nom de chaque enfant, le montant exact des contributions personnelles payées par ses parents. Ces listes sont soumises au conseil communal qui les arrête et détermine, s'il y a lieu, la rétribution, par élève, due à l'instituteur. Elles sont ensuite envoyées, avec la délibération du conseil communal, à la députation permanente, qui les approuve, ainsi que la quotité de la rétribution sauf recours au Roi.

« Les chefs des écoles adoptables transmettent les listes concernant ces établissements aux receveurs des contributions, qui inscrivent également, en regard du nom de chaque enfant, le montant des contributions personnelles payées par ses parents. Ces listes sont ensuite soumises à la députation permanente qui, après vérification, les approuve, sauf recours au Roi. »

pour les filles, le travail à l'aiguille et, pour les garçons, dans les communes rurales, des notions d'agriculture.

Les communes ont la faculté de donner à ce programme les extensions reconnues possibles et utiles.

Les ministres des divers cultes sont invités à donner, dans les écoles primaires soumises au régime de la présente loi, l'enseignement de la religion et de la morale ou à le faire donner, sous leur surveillance, soit par l'instituteur, s'il y consent, soit par une personne agréée par le conseil communal.

La première ou la dernière demi-heure de la classe du matin ou de l'après-midi est consacrée chaque jour à cet enseignement.

Sont dispensés d'y assister les enfants dont les parents en font la demande expresse dans les termes suivants : « Le soussigné..., usant du droit que lui confère l'article 4 de la loi sur l'enseignement primaire, déclare dispenser son enfant d'assister au cours de religion et de morale. »

Art. 5. (L. 1895, art. 5.) — L'inspection de l'enseignement de la religion et de la morale est exercée par les délégués des chefs des cultes ; ces délégués remplissent leur mission dans les conditions à déterminer par un arrêté royal.

Les chefs des cultes notifient la nomination de leurs délégués au ministre de l'Intérieur et de l'Instruction publique, qui, après en avoir donné acte, transmet les informations nécessaires aux administrations provinciales et communales, ainsi qu'aux inspecteurs de l'enseignement primaire.

Tous les ans, au mois d'octobre chacun des chefs des cultes adresse au ministre de l'Intérieur et de l'Instruction publique un rapport détaillé sur la manière dont l'enseignement de la religion et de la morale est donné dans les écoles soumises au régime de la présente loi.

Art. 6. (L. 1884, art. 5.) — L'instituteur s'occupe avec une égale sollicitude de l'éducation et de l'instruction des enfants confiés à ses soins. Il ne néglige aucune occasion d'inculquer à ses élèves les préceptes de la mo-

Biétry 12.

rale, de leur inspirer le sentiment du devoir, l'amour de la patrie, le respect des institutions nationales, l'attachement aux libertés constitutionnelles. Il s'abstient, dans son enseignement, de toute attaque contre les convictions religieuses des familles dont les enfants lui sont confiés.

ART. 7. (L. 1895; art. 6A.)— Les frais de l'instruction primaire dans les écoles communales et ceux qui résultent de l'adoption d'écoles privées sont à la charge des communes.

La province y intervient, par voie de subsides, pour une somme qui ne peut être inférieure au produit de deux centimes additionnels au principal des contributions directes et qui doit être consacrée exclusivement au service ordinaire des écoles communales et adoptées.

Aucune commune ne peut obtenir de subside de l'Etat ni de la province, pour l'instruction primaire, que si elle consacre à cet objet une somme au moins égale au produit de quatre centimes additionnels au principal des contributions directes et que si elle exécute en tous points la loi sur l'instruction primaire.

Toutes les sommes dont la commune dispose pour l'instruction primaire forment un fonds spécial qui ne peut être employé à un autre service.

ART. 8. (L. 1895, art. 6B.) — A partir de l'exercice 1896, un crédit, voté annuellement par la législature en faveur du service ordinaire de l'instruction primaire, sera réparti entre les écoles communales, les écoles adoptées et les écoles privées non adoptées, réunissant les conditions légales d'adoption. Les règles de répartition seront communes aux trois catégories d'écoles.

Néanmoins, les écoles privées non adoptées ne seront pas tenues, pour avoir droit aux subsides de l'Etat, d'inscrire l'enseignement de la religion et de la morale dans leur programme.

Un arrêté royal déterminera le minimum du nombre des élèves admis gratuitement que l'école doit compter pour pouvoir être subsidiée ; il fixera les taux de subvention et formulera les règles de répartition qui seront reconnues nécessaires.

Des subsides complémentaires, à imputer sur un second crédit voté annuellement par la législature, seront accordés aux communes pour assurer à chacune d'elles une subvention totale de l'Etat au moins égale à la moyenne des subsides que la commune a reçus pour le service ordinaire des écoles primaires, sur les fonds du trésor public, pendant les cinq années 1891 à 1895.

Toutefois, l'allocation de subsides complémentaires ne pourra avoir pour résultat de porter la part d'intervention de l'Etat dans les frais du service ordinaire des écoles primaires, communales et adoptées, à une somme supérieure au double de l'allocation communale nette, ni de faire descendre cette dernière au-dessous du produit de quatre centimes additionnels au principal des contributions directes, ni au-dessous de la moyenne qu'elle a atteinte pendant la période quinquennale mentionnée ci-dessus.

Les subsides complémentaires alloués lors de la première application des présentes dispositions, ne seront modifiés, pour les exercices ultérieurs, qu'en exécution des clauses restrictives énoncées à l'alinéa précédent.

Des subsides complémentaires seront accordés aux écoles adoptées d'office dont l'adoption par le gouvernement cessera en vertu de la présente loi, à condition, toutefois, qu'elles conservent leur importance actuelle. Le montant du subside complémentaire sera calculé de manière à assurer à chacune de ces écoles une subvention totale de l'Etat égale à celle dont elle a joui pendant l'année 1895.

Aucune dérogation aux règles générales concernant la répartition des subsides de l'Etat ne sera admise qu'à raison de circonstances tout à fait exceptionnelles et en vertu d'un arrêté royal motivé et inséré au *Moniteur*.

Chaque année, il sera annexé à la proposition du budget un tableau détaillé de l'emploi des fonds alloués pour l'instruction primaire, tant par l'Etat que par les provinces et les communes, pendant le dernier exercice dont les comptes sont arrêtés.

Art. 9. (L. 1884, art. 8). — Les instituteurs communaux sont choisis parmi les Belges par la naissance ou la naturalisation, porteurs de diplômes d'instituteur primaire, sortis d'une école normale publique ou inspectée, après en avoir suivi les cours pendant deux ans au moins, ou qui sont munis d'un diplôme de l'enseignement moyen du deuxième degré ; ils peuvent aussi être choisis parmi ceux qui ont subi avec succès l'examen d'instituteur devant un jury à organiser par le gouvernement.

Art. 10 (L. 1895, art. 7a). — La nomination, la suspension, la mise en disponibilité par mesure d'ordre et la révocation des instituteurs appartiennent au conseil communal.

Néanmoins, l'instituteur ne peut être révoqué qu'après avoir été entendu et moyennant l'approbation de la députation permanente ; le conseil communal et l'instituteur peuvent en appeler au Roi.

Les mêmes règles s'appliquent à toute suspension de plus d'un mois, à toute suspension avec privation de traitement et à la mise en disponibilité par mesure d'ordre.

La suspension prononcée par le conseil communal ne peut être renouvelée par lui à raison des mêmes faits ni excéder une durée de six mois.

Le Roi peut, après avoir pris l'avis de la députation permanente, l'instituteur et le conseil communal entendus révoquer ou suspendre un instituteur communal ; il peut, dans les mêmes conditions, le mettre en disponibilité par mesure d'ordre.

Le traitement d'attente dû à l'instituteur mis en disponibilité par mesure d'ordre est à la charge de la commune si la mise en disponibilité est le fait du conseil communal ; à la charge de l'Etat, si elle est prononcée par le Roi.

Les mêmes règles, en ce qui concerne les peines disciplinaires, sont applicables aux membres du personnel des écoles gardiennes et des écoles d'adultes communales, ainsi qu'aux maîtres spéciaux des écoles primaires communales.

Art. 11. (L. 1895. art. 7b.) — Lorsqu'une place d'instituteur communal devient vacante, le collège échevinal désigne dans la quinzaine un intérimaire. Le conseil communal pourvoit dans un délai de trois mois à la nomination d'un titulaire définitif.

Art. 12. (L. 1795, art. 70c.) — L'instituteur en chef d'une école de deux ou plusieurs classes doit être choisi parmi les membres du personnel enseignant comptant au moins cinq années de services. Néanmoins l'instituteur d'une école d'une seule classe pourra être maintenu comme chef d'école, sans devoir justifier de cinq années de services, si l'accroissement du nombre de ses élèves nécessite la nomination d'un ou de plusieurs sous-instituteurs.

Art. 13. (L. 1895, art. 7d). — Le conseil communal fixe le traitement des instituteurs communaux ; ce traitement, casuel compris, ne peut être inférieur à la somme indiquée, pour chaque catégorie de communes, dans le tableau suivant :

	Institu-teurs	Institu-trices	Sous-Institu-teurs	Sous-Institu-trices
5e catégorie. — Communes de 1.500 habitants et moins.	1.200	1.200	1.000	1.000
4e catégorie. — Communes de 1.501 à 10.000 habitants.	1.400	1.300	1.100	1.100
3e catégorie. — Communes de 10.001 à 40.000 habitants.	1.600	1.400	1.200	1.100
2e catégorie. — Communes de 40.001 à 100.000 habitants.	1.800	1.600	1.300	1.200
1re catégorie. — Communes de plus de 100.000 habitants.	2.400	2.200	1.400	1.200

Les communes sont classées d'après la population de droit constatée par le dernier recensement décennal.

Lorsqu'une commune de plus de 1.500 habitants est composée de deux ou plusieurs sections bien distinctes, le roi peut, sur la proposition du conseil communal, la députation permanente entendue, décider que le traitement à accorder aux instituteurs d'une ou plusieurs de ces sections sera fixé d'après la population de la section dans laquelle est établie l'école.

Tout traitement actuel n'atteignant pas le minimum légal indiqué ci-dessus sera porté à ce taux à partir du 1er janvier 1896.

L'instituteur a droit à un logement ou à une indemnité de logement. Cette indemnité est fixée à la somme indiquée ci-après, pour chacune des catégories de communes établies par le premier alinéa du présent article :

5e catégorie	. . . . . .	200 francs
4e —	. . . . . .	300 —
3e —	. . . . . .	400 —
2e —	. . . . . .	600 —
1re —	. . . . . .	800 —

Lorsque le mari et la femme sont chefs d'école dans la même commune, ils ne peuvent prétendre qu'à une seule indemnité de logement.

Les traitements actuels des instituteurs, comme ceux qui leur seront accordés ultérieurement, ne pourront subir aucune réduction pendant la durée des fonctions des titulaires dans la même commune.

ART. 14. (L. 1895, art. 7E.) — Le traitement des membres du personnel enseignant des écoles primaires adoptées est à la charge des communes ; ce traitement ne peut, s'ils sont diplômés ou dispensés de l'examen, être inférieur à la somme indiquée, pour chaque catégorie de communes, dans le tableau qui figure à l'article 13.

L'article 15, déterminant les augmentations de traitement auxquelles ont droit les instituteurs communaux, est applicable au personnel des écoles adoptées, diplômé ou dispensé de l'examen.

Dispense de cette obligation peut être accordée, pour un terme de cinq ans, par un arrêté royal qui sera inséré au *Moniteur*. Cette dispense est renouvelable.

Le taux du traitement résultant des articles 13 et 15 n'est pas applicable aux instituteurs faisant partie d'une congrégation religieuse.

La commune est tenue d'allouer annuellement à toute école adoptée une somme suffisante pour payer les fournitures classiques des enfants qui, ayant droit à l'instruction gratuite, sont admis dans cette école.

ART. 15 (1) (L. 1895, art. 7 F.) — L'instituteur a droit à une augmentation de 100 francs à l'expiràtion de cha-

1. Les dispositions des paragraphes 2 de l'article 14, 1 et 3 de l'article 15 du texte coordonné des lois de 1884 et 1895 sont modifiées par les prescriptions des lois des 22 juin 1899, 14 août 1903 et 5 mai 1904, et 21 mai 1906 reproduites ci-dessous :

Loi du 22 juin 1899 : « A partir du 1er janvier 1896, les instituteurs communaux èt les instituteurs adoptés laïques, diplômés ou dispensés de l'examen, se trouvant dans les conditions indiquées ci-après, sans préjudice à l'augmentation quaternaire en cours, recevront un traitement minimum de :

« 1.500 francs s'ils comptent au moins quinze années de services au 1er janvier 1896 ;

« 1.600 francs s'ils comptent au moins vingt années de services au 1er janvier 1896 ;

« 1.700 francs s'ils comptent au moins vingt-cinq années de services au 1er janvier 1896.

« La disposition précédente n'est pas applicable aux instituteurs adoptés dont le traitement est fixé en vertu de la dispense prévue par le paragraphe 3 de l'article 14 de la loi du 15 septembre 1895.

« Le ministre de l'Intérieur et de l'Instruction publique, après avoir pris l'avis de l'inspection scolaire et après avoir entendu l'intéressé dans ses explications, peut, par décision motivée, déclarer qu'il n'y a pas lieu d'accorder à un instituteur le minimum de traitement fixé ci-dessus.

« La dépense à résulter de l'élévation des traitements actuels aux taux préindiqués est entièrement à charge de l'Etat.

Loi du 14 août 1903. ARTICLE PREMIER. — « Par dérogation

que période de quatre années de bons services, jusqu'à concurrence de la somme nécessaire pour majorer de 600 francs le minimum légal de traitement attaché à la catégorie à laquelle appartient l'école où il exerce ses fonctions.

Sur la proposition du conseil communal, après avoir pris l'avis de l'inspecteur et de la députation permanente et avoir entendu l'instituteur dans ses explications, le ministre de l'Intérieur et de l'instruction publique peut, par décision motivée, déclarer qu'il n'y a pas lieu d'accorder à un instituteur l'augmentation quatriennale.

La première période quatriennale prendra cours le 1er janvier 1892 pour les instituteurs nommés à titre définitif avant cette date ; pour les autres, elle commencera le 1er janvier de l'année qui suit la date de leur nomination définitive. L'instituteur qui compte au moins dix ans de services au 1er janvier 1896 jouira, à partir de cette date, d'une augmentation de traitement de 200 francs sans préjudice de l'application des dispositions des deuxième, quatrième, et cinquième alinéas du présent article.

Les augmentations facultatives de traitement allouées par anticipation à l'instituteur peuvent être déduites des augmentations obligatoires subséquentes.

à l'alinéa 1 de l'article 15 de la loi organique de l'enseignement primaire, le montant de l'augmentation due à l'expiration des cinquième et sixième périodes quatriennales est porté à 200 francs pour les instituteurs et les sous-instituteurs des communes de la cinquième catégorie et à 150 francs pour les sous-instituteurs des communes de la quatrième.

ART. 2. — « 1° Les instituteurs chefs d'écoles des communes de la cinquième catégorie qui comptaient en cette qualité, de quinze à vingt années de services au 1er janvier 1896, jouiront, à partir du 1er janvier 1904 d'un traitement de 1.800 francs, lequel sera porté à 2.000 francs à l'expiration de la période quatriennale suivante :

2° « Les instituteurs chefs d'écoles des communes de la cinquième catégorie qui comptaient, en cette qualité, au 1er janvier 1896, plus de vingt années de service, auront droit à un traitement de 2.000 francs, à partir du 1er janvier 1904 ;

L'instituteur qui aura été frappé d'une peine disciplinaire plus grave que celle que le conseil communal
peut prononcer sans l'approbation de la députation permanente, sera privé de l'augmentation se rapportant à
la période quatriennale pendant laquelle la peine a été
infligée. Toutefois, sur la proposition du conseil communal, la députation permanente entendue, le ministre
de l'Intérieur et de l'Instruction publique pourra relever
l'instituteur de cette déchéance.

Dans les communes où le produit d'un centime additionnel au principal des contributions directes ne

3° « Les-sous-instituteurs des communes de la cinquième
catégorie qui comptaient, au 1er janvier 1896, au moins quinze
ans de service, auront droit à un traitement de 1.500 francs
à l'expiration de la quatrième période quatriennale et de
1.700 francs à l'expiration de la cinquième ;

4° « Les sous-instituteurs des communes de la quatrième
catégorie, dans les mêmes conditions que ceux des communes de la cinquième, auront droit à un traitement de
1.550 francs à l'expiration de la quatrième période quatriennale et de 1.700 francs à l'expiration de la cinquième. »

Loi du 5 mai 1904 : « Les instituteurs chefs d'écoles des
communes de la quatrième catégorie qui, au 1er janvier
1896, se trouvaient dans les conditions énumérées aux n°s 1 et
2 de l'article 2 de la loi du 14 août 1903, auront droit, à partir du 1er janvier 1904, aux avantages accordés par lesdits
n°s 1 et 2 aux instituteurs chefs d'école de communes de la
cinquième catégorie. »

Loi du 21 mai 1906. « ARTICLE PREMIER. — Par dérogation aux dispositions combinées des articles 13 et 15, alinéa 1, de la loi du 15 septembre 1895, les instituteurs, institutrices, sous-instituteurs, sous-institutrices, ayant respectivement seize, vingt et vingt-quatre années de service
jouiront, à partir du 1er janvier qui suivra l'année pendant
laquelle ils atteindront ces divers termes, de traitements
fixés comme suit :

a) « Après seize ans, 1.800, 1.700, 1.500 francs.

b) « Après vingt ans, 1.900, 1.800, 1.600 francs.

c) « Après vingt-quatre ans, 2.000, 1.900, 1.700 francs.

« Dans la supputation de ces nombres de seize, vingt et
vingt-quatre années seront compris tous les services rendus
à la suite d'une nomination à titre définitif, par les mem

Biétry   13

dépasse pas 100 francs, l'Etat supportera les deux tiers des augmentations périodiques obligatoires ; il en supportera la moitié dans les autres communes.

Lorsque, par suite de la diminution de la population de la commune, une école passe dans une catégorie inférieure, ce changement n'a d'effet qu'à l'égard du personnel nommé postérieurement à la nouvelle classification. Les instituteurs précédemment attachés à l'école conservent les traitements et les droits à l'augmentation qu'ils ont acquis en vertu du premier alinéa de l'article 13 et du présent article.

Lorsqu'une école entre dans une catégorie supérieure, les instituteurs n'ont droit qu'au minimum de la nouvelle catégorie, si ce minimum égale ou dépasse le revenu dont ils jouissaient en dernier lieu.

Les mêmes règles sont appliquées chaque fois qu'un instituteur est appelé à une nouvelle fonction dans l'enseignement primaire communal.

ART. 16 (L. 1895, art. 7 G.). — Le traitement de l'instituteur prend cours le 1er du mois qui suit l'entrée en fonctions. Tout mois commencé est dû intégralement à l'instituteur démissionnaire, mis en congé ou placé dans

bres du personnel enseignant, dans les écoles primaires communales ou adoptées, en qualité d'instituteur, d'institutrice, de sous-instituteur ou de sous-institutrice.

« Les taux de 2.000, 1.900, 1.700 francs visés ci-dessus au litt. C., constituent pour les instituteurs, les institutrices, les sous-instituteurs et les sous-institutrices des 5e et 4e catégories, des traitements maxima.

« Les membres du personnel enseignant qui auront bénéficié de la disposition contenue sous le littera C de l'alinéa 1, et qui, en vertu des articles 13 et 15 de la loi du 15 septembre 1895, pourront prétendre à un traitement maximum supérieur à l'un des taux prémentionnés, obtiendront, quatre années après, une nouvelle augmentation obligatoire de 100 francs, et ainsi de suite jusqu'à ce qu'ils aient atteint ce maximum.

« Les dispositions contenues dans les paragraphes précédents sont applicables aux instituteurs adoptés, laïcs, diplômés ou dispensés de l'examen ; elles ne le seront pas à ceux d'entre eux dont le traitement a été fixé, par arrêté royal, en vertu de la dispense prévue par le paragraphe 3 de la position de disponibilité, ainsi qu'à ses ayants droit, en cas de décès.

Le traitement est payé par mois.

L'instituteur démissionnaire est tenu de rester à la disposition de l'administration communale pendant un mois au plus, à dater de la remise de sa démission.

ART. 17 (L. 1895, art. 7 II.) — L'instituteur dont l'emploi sera supprimé sous le régime de la présente loi sera placé dans la position de disponibilité et jouira d'un traitement d'attente calculé conformément à l'article 1 de loi du 4 janvier 1892 et à l'arrêté royal du 21 septembre 1884. Ce traitement qui ne pourra être supprimé ou réduit que dans les conditions prévues par la loi du 4 janvier 1892, sera supporté par l'Etat,la province et la commune, dans des proportions établies par l'article 5 de la loi du 16 mai 1876. Le temps de disponibilité comptera dans le calcul de la pension, dont le taux sera réglé comme si l'intéressé avait joui de son revenu d'activité pendant qu'il était en disponibilité.

Il n'est apporté aucune modification aux dispositions légales ou réglementaires concernant les traitements d'attente pour suppression d'emploi, qui ont été accordés avant la mise en vigueur de la présente loi.

ART. 18 (L. 1895, art. 9). — En cas de maladie d'un membre du personnel enseignant des écoles primaires communales non placé dans la position de disponibilité, le collège échevinal désigne pour remplacer cet agent, pendant la durée de son congé, un intérimaire choisi parmi les instituteurs diplômés.

Le conseil communal fixe le taux de l'indemnité à payer à l'intérimaire. Cette indemnité ne peut être, par année, inférieure à 1.000 francs pour les sous-instituteurs et à 1.200 pour les instituteurs ; elle est calculée d'après le nombre de jours pendant lequel l'intérimaire a exercé ses fonctions et elle est payée mensuellement.

l'article 14 de la loi susvisée du 15 septembre 1896, et ce pendant toute la durée de la dispense.

ART. 2. — « La présente loi sortira rétroactivement ses effets à dater du 1er janvier 1906. »

La dépense résultant de l'intérim est supportée par l'Etat, la commune et le titulaire malade dans les proportions suivantes : deux cinquièmes à charge de l'Etat, deux cinquièmes à charge de la commune et un cinquième à charge du titulaire.

Cette intervention sera la même en cas de maladie d'un instituteur diplômé enseignant dans une école adoptée.

ART. 19 (L. 1884, art. 9 ; L. 1895, art. 10 et 11.). — Aucune école primaire privée ne peut être adoptée, à moins de se soumettre aux conditions suivantes :

1° L'école doit être établie dans un local convenable ;

2° Les membres du personnel enseignant devront, pour la moitié au moins, être diplômés ou avoir subi l'examen dont il est fait mention à l'article 9.

Par mesure transitoire, le Ministre pourra, pendant deux ans à dater de la promulgation de la loi du 13 septembre 1895, dispenser de cette condition :

I. Ceux qui ont donné l'enseignement primaire durant dix ans au moins ;

II. Ceux qui, porteurs d'un certificat d'humanités, ont donné l'enseignement primaire durant cinq ans au moins ;

Sont dispensés de l'examen ceux qui, antérieurement à la loi du 20 septembre 1884, ont eu la direction d'une école communale ou adoptée ;

3° Si l'enseignement de la religion fait partie du programme, cet enseignement sera donné au commencement ou à la fin des heures de classe. Les enfants dont les parents en font la demande seront dispensés d'y assister :

4° Le programme d'enseignement comprendra les matières énumérées au paragraphe 1er de l'article 4 ;

5° L'école adoptée doit être soumise au régime de l'inspection de l'Etat établi en vertu de la présente loi ;

6° Elle doit recevoir les enfants ayant droit à l'instruction gratuite sans pouvoir exiger d'autre rétribution que celle prévue par l'article 3 ;

7° Le nombre des heures de classe ne pourra être inférieur à vingt par semaine, indépendamment du temps spécialement consacré à l'enseignement de la religion et de la morale ; déduction faite du temps employé au travail à l'aiguille, ce nombre ne pourra être inférieur à seize.

Un tableau indiquant l'emploi du temps sera affiché à l'école.

Aucune école primaire privée ne pourra être subsidiée par l'Etat, par la province ou par la commune, si elle ne réunit les conditions requises pour l'adoption par le présent article.

Les infractions aux dispositions légales sont portées à la connaissance du gouvernement par les inspecteurs ; il en est de même des autres abus qui seraient constatés dans une école.

Si l'autorité dirigeant l'école refuse de se soumettre à la loi ou de réformer les abus, les subsides communaux, provinciaux et de l'Etat sont retirés par arrêté royal motivé et inséré au *Moniteur*.

ART. 20 (L. 1884, art. 10 ; L. 1895, art. 12 et 13). — L'inspection des écoles communales, des écoles adoptées et des écoles privées subsidiées est exercée par l'Etat ; elle ne peut s'étendre au cours de religion et de morale.

Il y a, dans chaque province, un ou plusieurs inspecteurs principaux et, dans chaque ressort d'inspection principale, des inspecteurs cantonaux.

Chaque inspecteur cantonal visite, au moins une fois l'an, toutes les écoles de son canton. Une fois au moins par trimestre, il réunit en conférence les instituteurs de son ressort et adresse à l'inspecteur principal un rapport sur la situation de l'instruction primaire dans les communes qu'il a parcourues. Chaque inspecteur principal préside annuellement une des conférences d'instituteurs et visite, au moins tous les deux ans, chaque école de son ressort. Il adresse, chaque année, au ministre, un rapport sur la situation de l'instruction primaire dans son ressort.

Un règlement d'administration générale détermine les

attributions et les traitements des inspecteurs, organise le conseil de perfectionnement, les conférences, ainsi que les moyens d'encouragement.

ART. 21 (L. 1884, art. 11) —. L'État, les provinces et les communes peuvent établir des écoles normales.

ART. 22 (L. 1884, art. 12). — L'organisation des écoles normales de l'Etat est réglée par le gouvernement. Un règlement d'ordre intérieur assure à tout élève normaliste le respect absolu de sa liberté de conscience.

ART. 23 (L. 1895, 15). — Il y a dans chaque école normale de l'Etat et dans chaque école normale agréée un ministre du Culte chargé de l'enseignement de la religion et de la morale.

Les écoles normales sont soumises, en ce qui concerne l'enseignement de la religion et de la morale, au mode d'inspection déterminé par l'article 5 de la présente loi.

ART. 24 (L. 1884, art. 13). — Les écoles normales des provinces et des communes, ainsi que les écoles normales privées, ne pourront recevoir de subsides si elles ne sont soumises à l'inspection de l'Etat, et si leur enseignement n'est pas de nature à former des instituteurs capables de tenir des écoles primaires communales établies conformément à la présente loi.

ART. 25. (L. 1884, art. 14). — Les inspecteurs, les instituteurs communaux ainsi que les directeurs, professeurs et instituteurs des écoles normales de l'Etat prêtent le serment prescrit par l'article 2 du décret du 20 juillet 1831.

ART. 26 (L. 1884, art. 15). — Tous les trois ans, un rapport sur l'état de l'instruction primaire est présenté par le gouvernement à la législature.

ART. 27 (L. 1884, art. 16). — La loi du 1er juillet 1879 est abrogée ; il en est de même des articles 2, 3, 4 et du dernier paragraphe de l'article 1er de la loi du 28 décembre 1883 ; les articles 121 et 147 de la loi communale sont rétablis tels que leur texte est fixé par la loi du 7 mai 1877.

L'article 1er de la loi du 16 juin 1881 est modifié en ce sens que le nombre des athénées royaux ne pourra dépasser vingt, le nombre des écoles moyennes pour garçons, cent, le nombre des écoles moyennes pour filles, cinquante.

Art. 28 (L. 1895, art. 17). — Le gouvernement fera coordonner les dispositions de la présente loi avec celles de la loi du 20 septembre 1884 qui restent en vigueur.

Le texte des dispositions coordonnées, formant la loi organique de l'instruction primaire, sera inséré au *Moniteur*.

SUISSE

La Constitution fédérale de 1874 a établi l'obligation, déjà admise pour la plupart des cantons, en s'en remettant à ceux-ci de l'application. La durée de l'âge scolaire et la nature des sanctions varient. Le canton de Soleure oblige tous les enfants sans exception à fréquenter l'école publique.

L'Enseignement public est gratuit.

L'étendue des programmes de l'instruction primaire varie selon les cantons. A Genève on enseigne obligatoirement la lecture, l'écriture, la langue française, l'arithmétique, et les notions usuelles de géométrie, la géographie, l'histoire nationale, les ouvrages à l'aiguille (pour les filles). Mais on enseigne en outre dans les écoles publiques les matières suivantes : notions élémentaires sur les devoirs de l'enfance, la constitution du pays, les sciences naturelles, dessin, chant et gymnastique.

En Suisse, sauf quelques cantons (Valais, Uri, etc.), il y a partout des écoles primaires de deux degrés, élémentaire et supérieur. Dans plusieurs cantons celle où se donne l'enseignement primaire supérieur sont qualifiées écoles secondaires.

Les institutions pédagogiques sont très différents d'un canton à l'autre. Beaucoup n'ont pas d'école normale soit que les instituteurs fassent leurs études professionnelles dans les gymnases, soit qu'ils se rendent dans les séminaires d'un canton voisin. C'est le cas pour les doubles cantons d'Appenzell et de Bâle et d'Unterwald, pour ceux de Glaris, d'Uri, de Schaffouse. Le canton de Berne possède quatre écoles normales cantonales pour les instituteurs français et allemands, institutrices françaises et allemandes. Le régime comporte l'internat, la gratuité, mais pas de bourses, une école d'application, l'admission à quinze ans. Il existe de plus des établissements privés. Le canton de Lucerne eut, en 1799, la première école normale de Suisse fondée par le directeur de la république helvétique. Elle existe encore avec les règles suivantes : externat, gratuité, bourses, admission à quinze ans, quatre ans d'études. Les séminaires cantonaux d'instituteurs de Soleure et de Schwytz sont des internats (admission à quinze ans ou à seize ans, trois ans d'études); les séminaires d'institutrices des cantons de Schwytz et Zug sont dirigés par les sœurs de la Sainte-Croix. Le séminaire cantonal d'instituteurs de

Saint-Gall est mixte au point de vue religieux : c'est un internat où l'on entre à quinze ans, les études durant trois années. Les Grisons ont, à Coire, un séminaire cantonal d'instituteurs (internat, admission à treize ans, quatre ans d'études): comme dans le précédent la plupart des élèves sont boursiers. Les séminaires cantonaux d'instituteurs d'Argovie et de Thurgovie (celui-ci organisé par Wehrli), mixtes quant au culte, sont des internats où l'on entre à quinze ans pour faire trois ou quatre années d'études. Dans les écoles normales d'instituteurs et d'institutrices du Tessin les études ne durent que deux ans, elles sont mixtes quant aux cultes. Les écoles normales du canton de Vaud sont protestantes; pour les femmes comme pour les hommes, le régime est l'externat; on y est admis à seize ans avec le titre d'élève régent ou régente. Les premiers font quatre ans d'études, les secondes deux ans. Le canton de Valais a quatre écoles normales cantonales (instituteurs, institutrices, de langue française, de langue allemande); elles sont catholiques, on y entre à quinze ans et les études durent trois années, mais seulement deux à trois mois par an. A Neufchâtel l'école normale cantonale d'instituteurs et d'institutrices est laïque. Le canton de Genève n'a pas d'école normale mais seulement une double section de pédagogie ou gymnase et une autre à l'école supérieure de filles.

Enseignement.— Le développement de l'instruction est relativement récent en Suisse ; l'école supérieure de Bâle fondée en 1560, les efforts de pédagogues comme Salis de Marschlino, Planta de Reicheman et Pestalozzi demeurent longtemps presque isolés.

Ce fut le mouvement français de 1830 qui donna l'élan aux écoles dans les cantons protestants et mixtes. La constitution de 1848 prévit la fondation d'une école polytechnique fédérale que l'on ouvrit, en 1855, à Zurich.

La constitution de 1874 imposa aux cantons l'obligation d'assurer l'enseignement primaire public, obligatoire, gratuit et laïque. Malgré les difficultés qui existent dans les pays de montagnes, l'instruction primaire est florissante. L'enseignement commence la sixième année et se poursuit dans les écoles primaires secondaires, moyennes et professionnelles.

La constitution fédérale de 1874 laisse à chacun des 25 cantons toute latitude pour organiser l'enseignement primaire sur les bases suivantes : obligation, gratuité, laïcité.

Sans entrer dans le détail des organisations cantonales, on peut se faire une idée de la souplesse d'un enseignement où passe un véritable souffle de liberté par le mode de recrutement du personnel enseignant. Les *séminaires cantonaux* d'instituteurs de Soleure et de Schwitz sont catholiques, les séminaires d'institutrices de

Schwitz et de Zug sont dirigés par les sœurs de laSainte-Croix ; le séminaire cantonal d'instituteurs de Saint-Gall est mixte au point de vue religieux ; les séminaires cantonaux d'Argovie et de Thurgovie sont mixtes, de même ceux du Tessin, ceux du canton de Vaux, sont protestants, ceux du Valais catholiques.

Chaque canton pourvoit suivant des règles particulières, aux frais des locaux ou de personnel.

LOIS ITALIENNES

Loi Casati, 13 novembre 1859

TITRE V

CHAPITRE PREMIER

Art. 3i5. — L'instruction élémentaire **est** de deux degrés: inférieur et supérieur.

L'instruction du degré inférieur comprend: l'enseignement religieux, la tenue des livres, la géographie élémentaire, l'exposition des faits les plus notables de l'histoire nationale, les notions de sciences physiques et naturelles applicables surtout aux besoins ordinaires de la vie.

A ces matières seront adjoints dans les écoles masculines supérieures, les premiers éléments de la géométrie et le dessin linéaire; dans les écoles féminines les travaux de dames.

Art. 3i6. — Le cours inférieur et le cours supérieur comportent chacun deux années ; ils se divisent l'un et l'autre en deux classes distinctes.

Nul ne peut être inscrit au premier cours en

qualité d'élève régulier, s'il n'a atteint l'âge de six ans

Art. 317. — L'instruction élémentaire est donnée gratuitement dans toutes les communes. Celles-ci y pourvoient dans la mesure de leurs facultés et des besoins de leurs habitants.

Art, 318. — Les écoles communales où se donne cette instruction sont dirigées, conformément à la loi et aux règlements, par les municipalités respectives, lesquelles peuvent instituer des surveillants préposés ou une commission d'inspection.

Art. 319. — Dans chaque commune il devra y avoir au moins une école où sera donnée l'instruction élémentaire du degré inférieur aux garçons et une autre pour les filles.

Une école du même genre sera également ouverte, au moins une partie de l'année, dans les bourgades ou fractions de communes qui ne pouvant, à raison des distances ou d'autres empêchements, profiter de l'école communale, compteraient cependant plus de 5o enfants de l'un ou de l'autre sexe aptes à la fréquenter.

Art. 32o. — Lorsque les communes, en raison du petit nombre de leurs habitants ou de leur peu d'aisance, ou encore en raison de nombreuses écoles qu'elles peuvent avoir à soutenir, ne sont pas en état de remplir les obligations imposées par cette loi, le ministre pourra les autoriser à s'entendre avec les communes limitrophes, et à participer entièrement ou en partie aux bénéfices des écoles qui y sont établies ou encore à se servir des maîtres de celles-ci pour leurs propres écoles.

En tout cas, un maître ne pourra jamais appartenir à plus de deux écoles.

Art. 321. — Les écoles élémentaires du degré supérieur, tant masculines que féminines, devront être établies :

D'ans toutes les cités et terres où existent des instituts d'instruction publique où l'on exige pour l'admission, tout ou partie de la culture qui se donne dans lesdites écoles ;

Dans toutes les communes qui ont plus de 4.000 habitants de population agglomérée, sans compter les fractions ou bourgades.

Art. 322. — Aux communes pour qui l'obligation de tenir des écoles élémentaires supérieures serait trop lourde, l'autorisation pourra être accordée de confier la direction de ces écoles aux maîtres déjà chargés d'enseigner dans les écoles élémentaires, à la condition bien entendu qu'ils soient capables.

Art. 323. — Aucune école ne devra garder plus de 70 élèves à la fois.

Quand ce nombre se trouvera dépassé pendant une partie de l'année, la municipalité y pourvoira eu égard le plus possible aux commodités de la population, en ouvrant une seconde école sur une autre partie de son territoire, soit en divisant la première en classes réparties dans des salles distinctes. Dans ce dernier cas, l'enseignement de la classe inférieure ne pourra être confié à un sous-maître sous la direction du maître principal.

Les élèves des écoles qui n'ont qu'une classe pourront excéder le nombre 70, mais non pas dépasser celui de 100.

Art. 324. — L'enseignement dans les écoles élémentaires féminines sera donné par des maîtresses ayant la capacité que la loi exige pour les instituteurs.

Art. 325. — A la fin de chaque semestre, aura lieu dans toutes les écoles communales un examen public, où les élèves seront interrogés sur les matières enseignées dans leur classe.

Le curé examinera les élèves de ces écoles sur l'instruction religieuse. Cet examen sera fait aux temps et lieux établis d'un commun accord entre la municipalité et le curé.

Art. 326. — Les pères de famille et ceux qui en tiennent la place sont tenus, par le moyen qu'ils jugeront le plus convenable, d'assurer à leurs enfants des deux sexes en état de fréquenter les écoles publiques élémentaires du degré inférieur, l'instruction qui y est donnée.

Ceux qui, pouvant remplir cette obligation par le moyen des écoles communales, s'abstiendront d'y envoyer leurs enfants, sans pourvoir effectivement d'une autre manière à leur instruction, seront exhortés par le maire à les envoyer à ces écoles et lorsque, sans motif légitime, ils persisteront dans leur négligence, ils seront punis conformément à la législation pénale de l'Etat.

Art. 327. — Les dispositions de l'article précédent sont également applicables à tous ceux qui, à quelque titre que ce soit, ont sous leur dépendance des enfants en âge de fréquenter l'école publique et dont les parents ou tuteurs n'auront pas de résidence ordinaire dans la commune.

CHAPITRE II. — Aptitude, élection et devoirs
des maîtres.

Art. 328. — Pour être élu maître d'une école publique élémentaire, le candidat devra être muni d'un brevet d'aptitude et d'un certificat de moralité, conformément aux règles ci-dessous :

Les brevets d'aptitude, qu'il s'agisse du premier degré d'instruction ou des deux réunis, ne s'obtiennent que par examen.

Art. 329. — Les écoles qui ne sont ouvertes qu'une partie de l'année pourront, à défaut des candidats munis de brevets réguliers, être confiées à des personnes qui, quoique non pourvues de ce titre, seront jugées par l'inspecteur royal de la province, suffisamment aptes à cet emploi.

Art. 330. — Le certificat de moralité sera délivré après déclaration de l'objet pour lequel il est demandé, et après avis du conseil municipal, par le maire de la commune où le candidat aura habité en dernier lieu. Au cas où il n'aurait pas habité cette commune depuis plus de deux ans, il devra produire un certificat semblable de la commune où il aura précédemment habité.

Art. 331. — Aucun maître avant dix-huit ans accomplis, aucune maîtresse avant dix-sept ans révolus, ne pourront être appelés à diriger une école publique élémentaire.

On pourra toutefois agréer comme maître principal ou comme maîtresse principale dans une classe, des personnes plus jeunes à la condition que les maîtres aient au moins seize ans et les maîtresses quatorze.

Art. 332. — Les maîtres des écoles communales élémentaires sont nommés par les municipalités.

Il incombera aux conseils provinciaux de contrôler, sauf recours au ministre, si les élections ont été faites conformément à la loi.

Art. 333. — Toute élection sera considérée comme ayant été faite pour trois ans, à moins que l'élu et la municipalité n'aient formé un contrat de plus brève durée. A l'expiration des premiers trois ans, le maître pourra être confirmé dans ses fonctions pour une seconde période de trois années et plus, ou même engagé à vie par la municipalité.

Six mois avant l'expiration du contrat, si le maître n'a pas été licencié, son élection sera considérée comme renouvelée.

Art. 334. — Contre les maîtres inculpés de négligence habituelle, de transgression des devoirs qui leur sont imposés par la loi et par les règlements scolastiques, ou accusés de faits entachant gravement leur réputation et leur moralité, pourront être prononcées, selon la gravité des cas, les peines suivantes :

1° La censure qui consiste en une déclaration formelle du manquement commis ou du blâme encouru. Elle ne sera prononcée qu'après que le maire ou l'inspecteur auront officiellement et en vain démontré sa faute à l'inculpé en l'exhortant à n'y plus retomber ;

2° La suspension d'office, qui consiste en l'interdiction faite au maître d'exercer ses fonctions dans l'école où il est employé : elle ne peut être de moins de quinze jours ni de plus de trois mois. Elle entraîne pendant le temps de sa durée la privation des appointements ; de plus ce temps n'est pas compté dans les années de service ;

3° La déposition, qui implique la perte des droits et avantages que le maître tient de son élection, elle rend inapte à diriger une école publique pendant une période déterminée, qui ne peut être inférieure à six mois ni excéder deux ans ;

4° L'interdiction scolastique, qui implique outre les effets de la déposition, la privation de tous les droits et avantages que le maître tient de son brevet. Elle est temporaire ou perpétuelle ; dans le premier cas, elle ne peut être de moins de trois ans.

Art. 335. — Les peines sont prononcées après enquête par le conseil provincial des écoles. Les inculpés ont droit de présenter leur défense.

Contre les délibérations comportant une des deux dernières peines, l'inculpé peut faire appel au ministre de l'Instruction publique.

Art. 336. — Les renonciations volontaires de l'inculpé, même si elles sont acceptées, n'empêchent ni n'interrompent la procédure commencée ou à commencer contre lui au sujet de faits qui peuvent donner lieu à l'application de la déposition ou de l'interdiction scolastique.

Art. 337. — En cas d'urgence le maire peut, d'accord avec l'inspecteur, suspendre sans autre forme de procès et par mesure de précaution, de l'exercice de ses fonctions, le maître qui ne pourrait les continuer sans de graves inconvénients ou qui, pour des raisons à lui imputables, serait devenu n'importe comment, une occasion de scandale ou de désordre grave dans la commune.

Le conseil provincial devra toutefois être prévenu aussitôt que possible par l'inspecteur.

Les inspecteurs régionaux auront le même pouvoir, dans les mêmes cas et pour les mêmes causes, vis-à-vis des maîtres à qui est confiée la direction d'écoles publiques indépendantes des municipalités.

Les maires et les inspecteurs qui auront usé de cette faculté devront en informer immédiatement le conseil provincial pour qu'il puisse prendre les mesures nécessaires.

CHAPITRE III. — *Émoluments, subsides et pensions.*

Art. 338. — Pour déterminer les émoluments et pensions à assigner aux maîtres et maîtresses, les écoles élémentaires sont divisées en écoles urbaines et écoles rurales.

Les premières sont divisées en trois classes selon la richesse et la population de la ville où elles sont établies ; les rurales sont également divisées en trois classes selon la richesse de la commune et la population des lieux où elles sont établies.

Art. 339. — Pourront être placées dans la dernière classe des écoles urbaines, les écoles établies au centre de communes qui, sans porter le titre de villes auront une population agglomérée de plus de 3.000 habitants.

De la sorte, il pourra y avoir échange entre les écoles rurales et celles qui, quoique appartenant à une commune portant le titre de ville, seront établies dans des bourgades séparées et éloignées du centre principal de la population.

Art. 340. — Le degré de richesse des diverses communes, quel que soit leur titre, sera évalué d'après le produit des impôts directs et d'après les revenus particuliers de chacune d'elles, en tenant compte des dépenses obligatoires qui leur incombent et surtout de celles qui sont mises à leur charge par la présente loi.

Art. 341. — La classification des diverses écoles pour chaque commune sera faite par les gouverneurs, conformément aux règles précitées ; après avoir entendu les municipalités et pris l'avis des intendants et des conseils provinciaux des écoles.

Les appointements à assigner aux maîtres des écoles classées dans les catégories et les classes susdites ne seront pas inférieurs au minimum établi dans le tableau.

Ce minimum sera réduit d'un tiers pour les appointements des maîtresses ; les sous-maîtres et les sous-maîtresses n'auront droit qu'à des émoluments égaux à la moitié de ceux qui reviennent aux titulaires.

Art. 342. — En plus des écoles communales, seront encore classées, suivant des règles à déterminer par un décret du gouvernement, mais seulement en vue de pourvoir au traitement des maîtres de ces écoles, les autres écoles élémentaires qui, au terme des lois scolaires, sont placées parmi les instituts publics.

Art. 343. — Les écoles communales établies dans les communes ou les bourgades ayant une population inférieure à 500 habitants et celles qui ne sont ouvertes qu'une partie de l'année, ne rentrent point dans cette classification. Toutefois, celles qui resteront ouvertes toute l'année scolaire pourront, sur la demande de leurs municipalités, être placées dans la dernière classe des écoles rurales.

Les municipalités détermineront, sauf approbation de l'autorité supérieure, chacune selon leurs propres moyens, le traitement à assigner aux instituteurs préposés à ces écoles.

Art. 344.—Les communes pourvoiront au traitement des maîtres et aux autres dépenses qu'entraîneront l'établissement et l'entretien de leurs écoles respectives avec les revenus destinés à l'instruction élémentaire, avec leurs propres revenus et avec l'impôt communal ordinaire.

Art. 345. — L'Etat par des subsides annuels viendra en aide aux communes qui, par suite de la pénurie de leurs revenus ou du peu d'aisance de leurs habitants, ne seraient pas en état de subvenir aux dépenses que cette loi met à leur charge pour l'instruction élémentaire.

Art. 346. — Lorsque les provinces fourniront des subventions pour le même objet, celles-ci seront de préférence appliquées aux dépenses occasionnées par le premier établissement des écoles, et pour l'entretien du matériel ; celles de l'Etat contribueront aux dépenses pour le traitement des instituteurs. En tout cas, ces subventions ne seront accordées qu'avec une destination spéciale au profit de localités et d'écoles déterminées.

Art. 347. — Pour assurer la retraite des instituteurs des écoles classées, aux termes des articles 338, 339 et 342, sera institué, sous le nom de Mont des pensions pour instituteurs élémentaires, une caisse particulière dont les statuts seront établis par décret royal sur des bases ci-après déterminées.

Art. 348. — Les communes, les corporations, les administrations et toutes les personnes morales sans distinction, à qui appartiennent les écoles précitées, verseront 2,50 o/o en dehors du salaire minimum établi pour ces écoles.

Art. 349. — Les sommes qui y seront versées durant la première période de dix ans, ainsi que les legs et dons que ladite caisse pourra recevoir pendant ce temps, en constitueront la dotation qui sera inscrite au livre de la Dette publique.

Art. 350. — A la fin de ces dix ans, le Trésor

public versera en une seule fois pour compléter la dotation, une somme qui ne sera pas inférieure au montant du tiers de cette dotation.

Art. 351. — Passé ce terme, les instituteurs ayant trente ans de service effectif et cinquante-cinq ans d'âge, qui au jugement du conseil provincial des écoles et du conseil supérieur, ne seront plus en état de continuer leurs fonctions, recevront du ministre, sur cette caisse, une pension de retraite égale au minimum assigné à la classe à laquelle appartient l'école qu'ils auront dirigée durant les cinq dernières années.

Art. 352. — Un secours viager non inférieur au tiers du minimum de leur classe pourra être accordé à ceux qui, après quinze ans de service, ne pourront plus continuer leurs fonctions.

Art. 353. — La veuve du maître, si elle s'est mariée plus de trois ans avant la cessation de ses fonctions et si à tout événement elle reste avec des enfants ; les fils et les filles non mariés jusqu'à ce qu'ils aient atteint l'âge de majorité se verront attribuer à chacun par portions égales et en tout cas avec droit d'accroissement réciproque, la moitié de la pension de retraite dont le maître aura joui ou qui lui revenait de droit au moment du décès.

Une égale faveur sera accordée aux mêmes conditions aux fils et aux filles de maîtresses s'ils sont orphelins aussi de père.

Art. 354. — Les membres des corporations religieuses qui enseignent dans les écoles publiques élémentaires, ainsi que les ecclésiastiques qui y enseignent par suite d'obligations inhérentes à leurs fonctions, ne participeront pas aux avantages de cette institution.

Chapitre IV. — *Écoles privées*

Art. 355. — Les citoyens qui remplissent les conditions exigées par cette loi pour être admis à diriger une école publique élémentaire, sont aptes à tenir en leur propre nom une institution privée du même ordre, pourvu qu'ils présentent à l'inspecteur provincial les autres titres prouvant leur capacité légale et leur moralité. La licence obtenue dans les lycées et dans les instituts techniques tiendra lieu de titre de capacité.

Art. 356. — Les personnes qui enseignent à titre gratuit dans les écoles tenues les jours fériés pour les enfants pauvres ou dans les écoles élémentaires pour les adultes, ou encore dans celles qui font des cours spéciaux techniques ou professionnels, sont dispensées de faire constater leur aptitude.

Chapitre V. — *Dispositions finales*

Art. 373. — Les dispositions de cette loi qui ne font allusion qu'à l'instruction élémentaire masculine, s'appliquent également à l'instruction élémentaire féminine, sauf les exceptions qui résultent du caractère particulier de cette dernière et qui seront déterminées par un règlement spécial.

Art. 374. — Dans les communes où l'on parle la langue française, celle-ci sera enseignée à la place de l'italien.

Les élèves des écoles publiques élémentaires dont les parents auront déclaré se charger eux-mêmes de l'instruction religieuse, seront dispensés de suivre les leçons et d'assister aux exercices qui s'y rapportent.

Il ne sera fait aucune innovation à tout ce qui a été pratiqué jusqu'à ce jour, relativement à l'instruction religieuse, dans les écoles destinées spécialement à l'instruction élémentaire des enfants appartenant à des cultes tolérés.

Art. 375. — Ne peuvent exercer une fonction quelconque dans les écoles élémentaires tant publiques que privées, ni être employés ou admis à quelque titre que ce soit dans les institutions visées par cette loi, ceux qui auront été condamnés à des peines criminelles ou à une peine quelconque pour faux, vol, escroquerie ou mauvaises mœurs, etc.

Loi du 15 juillet 1877

Article premier. — Les garçonnets ou fillettes qui ont atteint l'âge de six ans et à qui leurs parents ou ceux qui leur en tiennent lieu ne font pas donner l'instruction nécessaire soit par le moyen d'écoles privées aux termes des articles 355 et 356 de la loi du 13 novembre 1859, soit par l'enseignement dans la famille, devront être envoyés à l'école élémentaire de la commune.

L'instruction privée se prouve devant l'autorité municipale par la présentation au maire du registre de l'école, et celle donnée dans la famille par les déclarations des parents ou de ceux qui en tiennent lieu, qui justifient de leurs moyens d'enseignement.

L'obligation de pourvoir à l'instruction des enfants abandonnés, orphelins et autres, privés de famille et recueillis dans les instituts de bienfaisance, incombe aux directeurs de ces instituts, quand ces enfants seront confiés aux soins de particuliers, l'obligation passera au chef de famille qui recevra l'enfant de l'institut.

Art. 2 — L'obligation reste limitée au cours

élémentaire inférieur, lequel dure réglementairement jusqu'à neuf ans et comprend les premières notions des devoirs de l'homme et du citoyen, la lecture, la calligraphie, les rudiments de la langue italienne, de l'arithmétique et du système métrique, la durée en peut encore être restreinte si l'enfant répond convenablement sur les matières ci-dessus à un examen qui aura lieu soit à l'école, soit devant le délégué scolaire, en présence de ses parents ou d'autres membres de sa famille. S'il échoue à son examen, l'obligation sera poursuivie jusqu'à dix ans révolus.

Art. 3. — Le maire devra faire établir d'année en année et au moins un mois avant la réouverture des écoles, le tableau des enfants que leur âge oblige à les fréquenter, en y joignant l'indication des parents ou de ceux qui en tiennent lieu. Ce tableau collationné sur le registre des enfants inscrits dans les écoles, servira à constater les manquants.

Les parents ou ceux qui en ont la charge, lorsqu'ils n'auront pas accompli spontanément les prescriptions de la présente loi, seront avertis par le maire et invités à les remplir. S'ils ne se présentent pas à la mairie ou s'ils ne justifient pas par des raisons de santé ou d'autres empêchements graves ou encore en démontrant que les enfants reçoivent autrement l'instruction exigée les absences des enfants à l'école publique, ou s'ils ne les y amènent pas dans l'espace d'une semaine après l'admonition, ils encourront la peine de l'amende établie par l'article 4 suivant.

Ces personnes, tant qu'elles ne se seront pas conformées à l'obligation qui leur est imposée par la présente loi, ne pourront obtenir de subsides et de secours ni sur les bilans des communes ni sur ceux des provinces et de l'Etat, exception faite seulement pour ce qui regarde l'assistance sanitaire ; elles ne pourront non plus obtenir le port d'armes.

Art. 4. — L'amende est de 50 centimes, mais après avoir été appliquée inutilement deux fois, elle pourra être élevée à 3 francs, puis de 3 à 6 francs jusqu'à 10 francs au maximum, si la résistance se prolonge.

L'amende pourra être appliquée à tous ces degrés dans le cours d'une année ; elle pourra se répéter l'année suivante, mais en commençant de nouveau par le premier degré.

La contravention ayant été signalée par le maire, le contrevenant sera toujours autorisé à s'acquitter directement, aux termes des articles 148, 149 de la loi communale en vigueur, dans le cas contraire, la contravention sera dénoncée au prêteur qui procédera d'après les voies ordinaires.

Les autorités scolaires auront le devoir de provoquer les admonitions et les amendes.

Un règlement sera fait pour fixer l'application et la perception de l'amende.

Art. 5. — L'amende sera infligée autant pour la négligence de l'inscription que pour les absences habituelles non justifiées.

Dans ce but, le maître notifiera de mois en mois à la municipalité ceux qui manquent habituellement.

L'absence sera considérée comme habituelle quand l'élève aura manqué sans raison valable aux tiers des leçons du mois.

Art. 6. — La somme perçue pour les amendes sera employée par la commune en prix et secours aux élèves.

Art. 7. — Les assemblées communales ont le pouvoir de fixer, d'accord avec le conseil scolaire provincial, la date de l'ouverture et de la clôture des cours dans les écoles élémentaires. Pendant le temps des vacances, les enfants serons obligés de fréquenter les écoles ouvertes les jours fériés, dans les endroits où ces écoles seront instituées.

Une fois accompli le cours élémentaire inférieur, les élèves devront fréquenter pendant un an les écoles du soir dans les communes où celles-ci seront instituées.

Art. 8. — Les précédentes dispositions pénales sont applicables à tous les chefs-lieux des communes et aux fractions de celles-ci dans lesquelles existe une école communale, soit que la population y soit groupée, soit qu'elle habite des maisons éparses distantes de l'école d'au plus 2 kilomètres.

Art. 9 (Dispositions transitoires). — La présente loi entrera en vigueur dès le début de l'année scolaire, 1877-1878 :

a) Dans les communes de population au-dessous de 5.000 habitants, où pour chaque 1.000 habitants il y a au moins un instituteur du degré inférieur ;

b) Dans les communes dont la population va de 5.000 à 2.000 lorsqu'il y a un instituteur au moins par 1.200 habitants ;

c) Dans les grandes communes où il y a au moins un instituteur par 1.500 habitants.

Dans toutes les autres communes, la loi sera appliquée graduellement à mesure que les écoles atteindront aux conditions sus-indiquées.

Art. 10. — Les pères de famille ou ceux qui en tiennent lieu dans l'esprit de l'article 1, et qui le jour de l'entrée en vigueur de la présente loi auront des enfants de huit à dix ans, seront obligés à justifier de leur instruction, lorsque ceux-ci auront atteint l'âge de douze ans, et alors s'ils n'y ont pas pourvu, ils seront passibles des peines édictées par les articles 3 et 4.

Art. 11. — Le conseil scolaire fera chaque année un mois au plus tard avant l'ouverture des écoles, le classement des communes où se trouvent réalisées les conditions voulues pour l'application de cette loi, et il en publiera les modes en usage pour les autres publications officielles.

Art. 12. — Le conseil scolaire rappellera aux municipalités les prescriptions des lois en vigueur touchant l'obligation d'instituer et de maintenir les écoles. Quand cet avertissement restera inefficace, le conseil informera la députation provinciale qui veillera à ce que les communes retardataires se conforment à la loi dans le plus bref délai possible, les invitant à allouer dans leur budget les fonds correspondants. Lorsqu'elles s'y refuseront et lorsque l'économie du budget pourra s'équilibrer en détournant les fonds destinés à des dépenses facultatives et en augmentant les revenus dans les formes prescrites par la loi, la députation provinciale devra procéder d'office à cette allocation, conformément aux dispositions de la loi communale et du titre V de la loi du 13 novembre 1859 qui est étendue à toutes les provinces du royaume.

Art. 13. — Les subsides à accorder par l'Etat seront principalement destinés aux communes où l'application de cette loi est encore en suspend, à augmenter le nombre des écoles, à en agrandir et à en améliorer les locaux, à les fournir du matériel nécessaire et à accroître le nombre des maîtres.

Pour les maîtres, le ministre ouvrira, au fur et à mesure des besoins, des écoles normales dans les chefs-lieux de provinces ou de régions, ou même dans les communes les plus considérables.

Loi du 8 juillet 1904

Article premier. — L'obligation de l'instruction établie par l'article 2 de la loi du 15 juillet 1877, est étendue jusqu'à la douzième année et reste limitée au cours élémentaire inférieur dans les communes où manque le cours supérieur obligatoire; il est étendu dans les autres communes, sauf les dispositions des articles 8 et 17, à toutes les classes obligatoires du cours supérieur y existant.

Dans les communes où existaient au 1er janvier 1904 des classes facultatives du cours supérieur, il n'y aura pas obligation de les étendre, mais elles seront conservées au moins dans leur nombre actuel et la commune gardera la faculté de continuer à exiger les contributions des élèves dans la mesure où ces contributions étaient perçues, jusqu'au 1er janvier 1904.

Pour les écoles facultatives du cours supérieur mentionnées dans le second alinéa du présent article et pour celles qui pourront être créées dans l'espace de deux ans à dater de la promulgation de la présente loi, l'Etat versera une subvention à raison de 150 francs par classe, la commune gardant la faculté d'imposer une rétribution scolaire après approbation du conseil provincial scolaire.

Art. 2. — La liste des enfants obligés par leur âge à fréquenter l'école publique devra être publiée et affichée au prétoire pendant un mois avant l'ouverture des écoles. Lorsque celles-ci sont ouvertes et qu'a été constaté la non-présentation des enfants soumis à l'obligation, le maire, après avoir averti les parents ou les tuteurs par avis individuel, fait faire une enquête pour constater soit la négligence qui entraînera l'admonestation et l'application des pénalités édictées par la loi du 15 juillet 1877, soit l'état de pauvreté qui motivera l'assistance scolaire dont il est question à l'article 4.

Maîtres et directeurs enverront aussi périodiquement des avis individuels analogues aux parents ou tuteurs des enfants négligents.

Dans ce cas, les lettres d'avis jouiront de la franchise postale.

Art. 3. — Seront considérés comme contrevenants et assujettis à l'amende conformément à la loi du 15 juillet 1877, ceux chez qui l'enfant obligé à l'instruction est habituellement employé à un travail non interdit par la loi du 19 juin 1902.

Art. 4. — Les communes sont autorisées à inscrire dans leur budget des fonds pour les enfants des familles pauvres et qui serviront soit à la rétribution scolaire, soit à la distribution de vêtements, de livres de classe et de tout ce qui est nécessaire à leur instruction, toutes les fois que la bienfaisance publique ne suffira pas à pourvoir à ces besoins.

Les communes pourront décider sur de telles dépenses, même quand elles excéderont la limite légale dont il est question à l'article 284 de la loi communale et provinciale, texte unique du 4 mai 1898.

Les autorités qui ont à exercer leur vigilance et leur tutelle sur les communes, veilleront à ce que ces dépenses soient préférées à toute autre dépense facultative n'ayant pas pour objet la santé et la sécurité publique, sauf les engagements contractuels existants.

Dans le délai après la promulgation de la présente loi, le gouvernement du roi présentera un projet de la loi en vue de coordonner et de transformer les fondations scolaires existantes pour les faire servir plus efficacement aux fins de l'assistance scolaire.

Art. 5. — Dans les communes où les deux cours élémentaires inférieurs, masculin et féminin, sont confiés à deux seuls instituteurs, on pourra assigner à l'un la première classe mixte et à l'autre la seconde et la troisième classes également mixtes.

La séparation des élèves par sexe a lieu quand le nombre des garçons et des fillettes est tel qu'il oblige à doubler les cours.

Quand le nombre des élèves est de moins de

5o, le cours élémentaire supérieur même peut être mixte.

La commune peut, avec l'approbation du proviseur royal et par mesure transitoire, confier même les classes mixtes à des hommes, pourvu que l'enseignement des travaux féminins soit assuré à part.

Art. 6. — Outre les cas de classes multiples ou alternées existant actuellement, la commune pourra confier l'enseignement, en des horaires divers, de deux sections de la même classe ou de deux classes différentes, obligatoires ou facultatives, même si elles appartiennent l'une au cours inférieur et l'autre au cours supérieur, au même instituteur à la condition que l'instituteur chargé des deux classes ou sections touchera en plus de ses appointements les deux cinquièmes des émoluments fixés par la loi ou par la commune pour la nouvelle classe qui lui est confiée, et à condition encore que le nombre d'heures d'enseignement consacrées aux deux classes ne dépasse pas six heures, diviser les heures par un intervalle convenable qui sera déterminé par le conseil provincial scolaire.

Dans le cas où la commune recevra une subvention de l'Etat pour le payement des instituteurs, l'Etat concourra proportionnellement à cette augmentation des deux cinquièmes.

Il ne pourra être procédé à l'application de la présente disposition dans le cas de création de nouvelles écoles du même degré que celles déjà existantes, sans un rapport préalable de l'inspecteur scolaire, lequel devra vérifier si les conditions imposées par l'article 11 de la loi du 19 février 1903 sont effectivement remplies.

Art 7. — Les écoles élémentaires existantes, à la date de la présente loi, pourront être réorganisées par les communes, conformément aux articles précédents 5 et 6, à la suite de délibérations sujettes à l'approbation du conseil provincial scolaire. Cette réorganisation peut être provoquée par l'inspecteur provincial après avis du conseil communal.

Le personnel enseignant rendu à la disponibilité par suite de cette réorganisation, devra être employé à instituer soit d'autres cours élémentaires inférieurs, quand ils seront nécessaires, soit des cours élémentaires supérieurs, ne fussent-ils que d'un an. Si parmi ce personnel enseignant rendu disponible se trouve des institutrices, celles-ci peuvent transitoirement être employées à l'enseignement élémentaire supérieur, quand elles ne peuvent l'être dans les classes inférieures. Dans aucun cas de réorganisation faite par application de la présente loi, la commune ne pourra diminuer les allocations décidées dans le budget préventif de l'exercice 1904 pour l'instruction primaire, ni celles quelconques relatives aux salaires et rétributions des maîtres ; les augmentations de traitement éventuelles régulières resteront maintenues au bénéficiaire.

Art. 8. — Les élèves de l'école primaire qui voudront poursuivre leurs études dans les écoles secondaires pourront, une fois terminée la 4e classe élémentaire, subir un examen spécial de maturité valable pour l'admission dans ces écoles ; la nature et la forme de cet examen seront à déterminer par un décret.

L'examen d'admission à la 1re classe de quelque école secondaire que ce soit est aboli. Les élèves d'écoles privées et familiales nés après 1894 qui se présenteront aux examens d'admission aux autres classes des écoles secondaires, devront présenter le diplôme de maturité dont il a été question.

Un an après la promulgation de la présente loi, le gouvernement présentera un projet pour la réorganisation des écoles normales.

Art. 9. — Pour l'admission à l'examen de maturité, il sera versé au Trésor de l'Etat une taxe de 15 francs. Les élèves des familles pauvres qui, dans le passage de la 3e à la 4e classe élémentaire, auront obtenu une moyenne de 8 sur 10 ou de 7 au moins en chaque matière, seront exemptés du payement anticipé de cette taxe ; mais ils devront la verser au moment de la délivrance du diplôme s'ils n'ont point obtenu à l'examen de maturité le nombre de points indiqué plus haut.

Les élèves des écoles privées ou familiales nés antérieurement à 1895, qui sans avoir subi l'examen de maturité se présenteront aux examens d'admission des écoles secondaires ou de licence, seront tenus de payer outre les taxes ordinaires une surtaxe de 20 francs, à moins qu'ils ne justifient de l'avoir déjà versée.

La taxe annuelle d'inscription aux classes des lycées et gymnases du gouvernement est augmentée de 1 franc ; celle de l'inscription aux classes des instituts techniques et nautiques, des écoles techniques, des écoles normales et complémentaires du gouvernement est augmentée de 6 francs.

Art. 10. — Dans le délai de trois ans après la promulgation de la présente loi, dans toutes les communes où les cours élémentaires supérieurs masculins et féminins vont jusqu'à la 5e classe, on créera une 6e classe en réduisant à trois les heures journalières obligatoires de leçons tant dans le 5e que dans le 6e cours, outre les heures destinées aux exercices de gymnastiques et aux matières facultatives.

Les deux cours seront confiés à un seul instituteur et on appliquera la disposition de l'article 6. Les leçons n'en seront jamais données le soir ni les jours de fêtes. Pour établir les horaires, on aura égard à la condition de la majeure partie des élèves et l'on tiendra compte de la distance des lieux où ils habitent.

Pour la 5e et la 6e classe, les matières d'enseignement seront l'italien'; des notions d'histoire civile de l'Italie au xixe siècle en embrassant les faits économiques; des notions sur les institutions civiles de l'Etat et sur la morale civique ; la géographie générale et économique, en particulier celle de l'Italie ; l'arithmétique, des notions des sciences naturelles, physiques et d'hygiène ; la calligraphie et le dessin. Dans les classes féminines on joindra les travaux de dames.

Le chant, le travail manuel et l'agriculture, ainsi que les autres enseignements répondant à des besoins spéciaux locaux pourront être établis par les communes après approbation du conseil provincial scolaire, toutes les fois que les maîtres en seront capables et ils seront rétribués en conséquence.

Provisoirement, la licence de l'école primaire s'obtiendra à la fin de la sixième année d'étude, la taxe du diplôme sera de 5 francs.

Le ministère de l'Instruction publique, vu les enseignements obligatoires et facultatifs répartis dans chaque école élémentaire supérieure et quand il en reconnaîtra l'équivalence, pourra consentir à ce que le diplôme de licence élémentaire obtenu après la sixième année d'étude soit un titre d'admission à la seconde classe de l'école technique, sauf paiement d'une surtaxe de 25 francs.

Art. 11. — Dans les communes où le cours

élémentaire supérieur est obligatoire, les programmes des trois classes inférieures seront modifiés et coordonnés avec ceux des cours supérieurs.

Seront également modifiés et coordonnés les programmes actuels des cours supérieurs des premières classes des écoles élémentaires pour les mettre en harmonie avec les dispositions des articles précédents.

En tout cas, quiconque aura subi avec succès l'examen de fin du 3e cours élémentaire, aura droit à être inscrit sur les listes électorales conformément aux lois en vigueur.

Art. 12. — Sur le budget du ministère de l'Instruction publique, une rétribution annuelle de 100 à 150 francs sera attribuée à chacun des instituteurs qui auront enseigné avec de louables résultats attestés par l'inspecteur royal scolaire, dans les écoles du soir aux adultes illettrés, et une rétribution de 75 à 100 francs à chacun des instituteurs qui enseignent, dans les mêmes conditions, aux adultes illettrés dans les écoles par jour férié, instituées par des communes ou des personnalités morales, pourvu que le proviseur royal donne un avis favorable. Ces rétributions seront réparties dans 3.000 écoles qui seront ouvertes, en plus de celles déjà existantes, dans les communes où la proportion des illettrés sera indiquée comme la plus considérable par les résultats du recensement.

Le reliquat des 5oo.ooo francs qui y seront consacrés continuera à être appliqué en subventions aux écoles du soir ou des jours de fête, écoles déjà existantes ou à créer dans les communes qui ne rentrent pas dans la précédente catégorie.

Les écoles du soir sont ouvertes au moins six mois par an en diverses périodes ; celles des jours fériés, toute l'année scolaire et l'enseignement y est hebdomadaire.

Lorsque l'instituteur, dans les périodes où il n'y a pas d'école du soir, continuera l'école des jours de fête pendant tout le reste de l'année, sa rétribution pourra être augmentée de 5o fr. L'enseignement des classes du soir ou des jours de fête doit être confié à tour de rôle aux instituteurs de la commune, principalement à ceux qui n'ont pas d'autres charges rétribuées ni d'augmentation de salaire, et ce n'est qu'à défaut des instituteurs communaux qu'il sera confié à d'autres maîtres brevetés, et à défaut de ceux-ci, à des personnes que le conseil provincial scolaire jugera capables sur la présentation de l'inspecteur.

L'instituteur ne peut être obligé de prendre le cours du soir ou celui des fêtes.

Le décret qui rendra la présente loi exécutive, coordonnera le fonctionnement de ces écoles avec les autres écoles actuelles complémentaires, qu'elles soient du soir ou des jours fériés, et établira le montant de la rétribution en raison du nombre des élèves.

Art. 13. — Les cours du soir et des fêtes comprennent la lecture, l'écriture, l'arithmétique et les éléments du système métrique. On y pourra joindre encore d'autres enseignements théoriques et pratiques spécialement appropriés aux besoins locaux.

Les cours pourront être divisés en deux ou plusieurs sections selon l'âge et le degré des élèves des deux sexes.

Art. 14. — Dans les communes où sont instituées des écoles pour adultes illettrés, celles-ci sont ouvertes à ceux qui, n'étant plus obligés en raison de leur âge à l'école élémentaire publique du jour, ne savent cependant ni lire ni écrire.

Sont encore obligés à les fréquenter tous les jeunes gens illettrés qui, ayant passé à la conscription, ont été versés dans la troisième catégorie ou déclarés ajournés ou réformés pour un motif qui ne suppose pas une inaptitude physique ou intellectuelle absolue.

Art. 15. — Après avoir contrôlé la liste des jeunes gens illettrés, le maire de la commune où ils résident les inscrira d'office à l'école du soir ou des fêtes, et leur fera intimer l'ordre de la fréquenter après en avoir communiqué la liste au maître.

Un an après l'inscription d'office, ces jeunes

gens devront prouver par un certificat de sortie qu'ils ont fréquenté avec profit la susdite école.

Ceux qui ne l'auront pas fréquentée et qui n'en auront pas profité suffisamment, seront inscrits de nouveau au besoin pendant deux ans de suite aux termes desquels, s'ils ne prouvent pas dans les formes prescrites qu'ils ont suivi régulièrement le cours, ils encourront une amende de 2 à 25 francs.

Le maître est tenu de transmettre au maire la liste de ceux qui n'auront pas rempli ces conditions, et il sera procédé contre eux conformément à l'article 2 de la présente loi.

Le préteur, en décidant de l'application de l'amende, tiendra compte des circonstances qui ont pu réellement empêcher, et sans que ce soit de sa faute, le jeune homme de fréquenter l'école du soir ou du dimanche.

Art. 16. — Pour les enfants nés depuis 1900, il est décrété qu'ils ne pourront entrer en qualité de salariés dans les administrations publiques ou les fondations ayant la personnalité civile, sans avoir obtenu le certificat de sortie.

Art. 17. — Les communes qui se trouveront dans des conditions financières si mauvaises qu'elles ne pourraient, malgré les facilités résultant des articles 5, 6, 7, et 10 de la présente loi, soutenir la charge de nouveaux cours élémentaires supérieurs obligatoires pour tous ceux qui sont appelés à l'école publique, pourront après avis favorable du conseil provincial scolaire et de l'assemblée provinciale administrative obtenir du ministre de l'Instruction publique que l'obligation actuelle de l'instruction élémentaire supérieure proclamée par l'article, soit déclarée suspendue en tout ou en partie sur leur territoire.

En cas de refus du ministre et au cas où le ministre ne prendrait pas de décision dans le délai de six mois, la commune pourra recourir à la quatrième section du Conseil d'Etat, laquelle décidera en connaissance de cause.

Le recours est suspensif.

Art. 18. — Les communes sont autorisées à s'unir en consortium aux effets de la présente loi. Le consortium peut être déclaré obligatoire par décret préfectoral sur avis conforme du conseil provincial scolaire et de l'assemblée provinciale administrative après consultation des conseils municipaux.

Art. 19. — Dans les communes rurales et les bourgades où les écoliers, pour des nécessités économiques, abandonnent habituellement l'école une partie de l'année, les conseils municipaux sont autorisés à réduire à six les mois de l'école, à la condition qu'ils augmentent le cas échéant et selon les formes à déterminer par le règlement, le nombre des écoles classées.

Les subventions aux écoles classées qui ne sont ouvertes que six mois, seront inférieures d'un quart aux subventions normales établies par la présente loi ; mais les contributions à la caisse des retraites ainsi que les retraites et les autres droits des instituteurs seront égaux à ceux des écoles annuelles.

Les délibérations des conseils municipaux concernant la réduction de durée des écoles classées ne seront valables qu'après l'approbation du conseil provincial scolaire, qui devra consulter l'inspecteur. La contribution de l'Etat pour chacune des écoles ainsi distinguées sera inférieure d'un quart à celles assignées aux écoles annuelles ou aux écoles qui étaient annuelles dans ladite commune.

Restent garantis tous les droits acquis par les instituteurs nommés avant la promulgation de la présente loi.

AMÉRIQUE

ÉTATS-UNIS

Aux Etats-Unis l'organisation de l'enseignement primaire est tellement libre qu'il comporte une infinie variété de programmes. Chaque ville, chaque district règle à sa fantaisie celui de ses écoles, et les méthodes scolaires sont très différentes d'un endroit à l'autre.

L'obligation scolaire n'existait aux Etat-Unis en 1884 que dans quatorze Etats. Notamment dans ceux de: Massachusetts, New-Jersey, Connecticut, Illinois, etc. ; les enfants de huit à quatorze ans devaient suivre les classes sous peine d'amende applicables aux parents.

Pendant la période coloniale il n'y eut d'écoles publiques et gratuites que chez les puritains de la Nouvelle Angleterre (Massachusetts, New Hampshire et Connecticut). On en trouve établies dès 1645 à Rosbury, à Boston...

L'Etat intervient par la législation. Il ordonne la création des écoles élémentaires, répartit son territoire en districts scolaires à la tête desquels il institue des *boards of education* locaux, distincts et indépendants des autorités communales ou de comté, mais élus par la population des *townships et des counties* ou composés par les autorités municipales dans les grandes villes. L'Etat décide que les taxes seront levées par ces *boards of education* et pour eux ; il fixe l'âge scolaire, les conditions de fréquentation, le mode d'emploi des fonds provenant des subventions fédérales. Les municipalités, à leur tour, organisent les districts scolaires d'après les lois ou conformément à la constitution de l'Etat, imposent et perçoivent les taxes autorisées par la législation pour les écoles, font élire les *superintendents* et les membres des conseils d'éducation qui, eux-mêmes, nomment les instituteurs et prescrivent les règlements d'étude et de discipline.

Le corps des fonctionnaires qui administrent les écoles est composé, en général, comme suit : un *state superintendent of public instruction*, élu par le peuple ou nommé par les autorités de l'Etat ; un *state board of education*, composé du gouverneur, du surintendant et de trois des principaux fonctionnaires civils de l'Etat ; des *county superintendents* ; dans chaque commune trois *trustees* ; dans chaque district, trois *directors* ; dans chaque ville, un conseil d'éducation (*city board of education*) composé de vingt-quatre membres et un *superintendent*. Tous ces fonctionnaires sont élus par le peuple pour une période très limitée, un an au moins, quatre ans au plus.

La liberté de l'enseignement est absolue aux Etats-Unis. Toute personne a le droit d'ouvrir des écoles privées pour tous les ordres d'enseignement, et les autorités scolaires de degrés divers, non plus que le pouvoir fédéral, n'exercent aucune surveillance sur ces établissements dont la seule obligation, plus morale que légale, à l'égard du gouvernement, c'est l'envoi chaque année, au *superintendent* de l'Etat, d'un rapport statistique sur leur situation. La loi oblige, d'autre part, les conseils scolaires et les surintendants des communes, des villes et des comtés, à rédiger sur les écoles publiques des rapports annuels détaillés qui sont les matériaux avec lesquels les surintendants d'Etat construisent leurs propres rapports à la législative.

La proportion des enfants qui suivent les écoles élémentaires privées, avec ou sans attache confessionnelle, est de 10 o/o du total, les écoles publiques prenant 90 o/o. L'instruction est absolument laïque et gratuite dans toutes les écoles publiques de tout degré et de tout genre et dans tous les Etats. Nulle part la loi n'admet dans les écoles publiques l'enseignement des doctrines particulières d'une secte, quelle qu'elle soit, mais presque partout la Bible est lue, l'oraison dominicale récitée et des cantiques chantés.

L'instruction est, au contraire, le plus souvent confessionnelle et rétribuée dans les écoles privées...

Trois catégories de ressources servent à l'entretien des écoles : les fonds scolaires (possessions territoriales, dotations, dont le revenu est affecté à l'entretien des écoles), l'impôt d'Etat, les taxes locales. La proportion dans laquelle ces trois ressources concourent au total des fonds nécessaires est très variable. Les taxes locales sont les plus importantes des trois. L'ensemble des fonds scolaires des Etats se compose de la valeur des dons de terrains faits par le congrès, environ 80 millions de dollars, et de dons en argent, 48 millions, soit un total de 128 millions de dollars dont le revenu seul est appliqué aux besoins des écoles, le capital étant réservé intact. La valeur de ce fonds permanent s'accroit chaque année par la plus-value des terres.

Le recrutement des maîtres de l'enseignement primaire se fait principalement par les écoles normales (*normal schools*) créés en vue de pourvoir, soit par des fondations particulières, soit aux frais du public, à l'éducation professionnelle des instituteurs et institutrices.

La position des maîtres des écoles primaires est très précaire. A la sortie des écoles normales ils sont examinés et brevetés par le surintendant de comté, assisté quelquefois d'une commission d'examen, mais les brevets ne valent que pour une durée limitée et dans la localité. Dans quelques Etats des brevets obtenus devant une commission centrale et sous la sanction du surintendant d'Etat sont permanents et valables pour toute l'étendue de cet Etat particulier. Il n'y a pas pour les instituteurs de pension de retraite. Souvent même l'instituteur est soumis chaque année à la réélection par le conseil scolaire du district.

L'instruction publique est absolument hors de la sphère d'action que la constitution assigne au gouvernement fédéral. C'est un domaine réservé à l'initiative privée ou à l'action particulière des Etats. Toutefois dès l'organisation du pouvoir national, les premiers présidents : Washington, John Adam, Jefferson, dans leurs discours officiels donnèrent à la cause de l'instruction populaire l'appui de solennelles et pressantes déclarations, fondées sur ce principe que le gouvernement américain devant être avant tout un gouvernement d'opinions, il importait que l'opinion publique fût éclairée. La plupart de leurs successeurs ont tenu un langage analogue. En 1867, un acte du congrès a créé le bureau national d'éducation à Washington. Ce *board* n'est pas une agence administrative, il n'a aucune autorité sur la direction des écoles dans les divers Etats. Son action se borne à recueillir des faits et documents statistiques sur l'enseignement... à comparer les méthodes employées aux Etats-Unis avec les méthodes étrangères et à instituer une riche bibliothèque pédagogique... Le commissaire publie aussi sur des sujets spéciaux des inventaires de renseignements, imprimés par le Trésor public et distribués gratuitement dans le pays et à l'étranger.

(Confer : LA GRANDE ENCYCLOPÉDIE)

TABLE DES MATIÈRES

PROJET DE LOI

IMP. JOUVE & Cᶦᵉ, 15, RUE RACINE, PARIS